知的障がい者入所支援施設30年の実践を語り・伝える

本当の気持ちと出会うとき

見えないこころとこころを紡ぐ意思決定支援43の物語

宮下 智
社会福祉法人明星会 理事長

エスコアール

目次

第6章　わかっちゃいるけどやめられない 177

始めに

僕は今　こうしてここに立っている

僕は「みんなとおんなじ」が大嫌いだ。そしてわかりづらいかも知れないのだけれど、それと同じベクトルの方向で「物事を自分の言葉で説明できるようになる」ことが大好きだ。

今から二十年前、地域の自閉症児療育グループに、ボランティアとして一生懸命通い続けていた自分がいる。大学を卒業すれば抜けていくボランティア仲間にあって、三十歳近くまで係わりを持っていた自分は、明らかに異端だった。

「どうしてそんなにグループに通うの？」という質問には、いつも「彼らとの約束だから」と答えるようにしていた。裏切ること・裏切られることに妙に過敏な自分がいたのだ。

ＳＭＡＰの『夜空ノムコウ』が流れ　♪　あれからぼくたちは　何かを信じてこれたかなぁ…　♪と何回もリフレインされる冒頭のメロディーと詩がたまらなく好きだ。一緒にコーラスをすると、いつでも「信じて」という部分で、とめどもなく涙がこぼれ落ちてしまう。

こんな僕が、「知的障がい者」と呼ばれる方々と「入所施設」という形の中で係わり合いを持ってから、十数年が過ぎようとしています。そして今（現在進行形という意味で）たどり着いたところが『向かいあうこころの支援』という方法論であり『物語としての人生』という理解方法なのです。

ねえ、人間って年を重ねてもちっとも変わらないってこと、これでよくわかりますよね。「信じる」とか「裏切る」とかの延長線上に『向かいあうこころの支援』があり、「みんなとおんなじ」がイヤで「自分の言葉で語りたい」ところの延長線上に『物語としての人生』という理解方法があるわけです。

僕は「みんなとおんなじ」がイヤなので、本流に入ってしっかり勉強したという経験がない。勉強したいことがあるとふらっと出向き、ちょこっと勉強させてもらい、また次のところへ……というのがいつものスタイルになっています。

最初は、自閉症児の療育グループを主催しておられた国立精神衛生研究所（当時）の山本和郎先生との出会いでした。僕はここで二十歳代を過ごさせてもらったのですが、先生からは「心理学者は研究室の中にいたんじゃ駄目だ。芸者のように必要とされれば、お声がかかればどこへでも出向いて行くようなフットワークが必要なんだ。芸者心理学者だよ、これからは」とよく言われました。今、施設長という立場になって、自分のアイディアの出方や動き方を振り返る時、この芸者心理学者論に強く影響されていることを感じざるを得ません。

個別認知課題学習について教えていただいたのは、東京学芸大学（当時）にいらした飯高京子先生です。週一回のペースで三～四年通わせていただきました。ここで学んだのは、言語、発達遅滞児への個別教育プログラムのあり方だが、それ以外に、どんなに遅刻しても、どんなに二日酔いでも……、いつもにこやかに迎えてくれる先生の懐の大きさでした。「その人を大切にする」という大事な意味を、自分が大切にされることで大いに実感したのです（実感できるようになったのはずっと後のことで、当時は生意気の盛りでした）。

また、どんな未熟なレポートでも「素晴らしい」と言って褒め続けてくれたのが、ロールシャッハテストの分析を教えてくださった国立精神衛生研究所（当時）の田頭寿子先生です。ポジィティブメッセージの大切さは、今でも身に沁みます。僕自身のこころが、いろんな面で癒されていたのではないかと想像するわけです。

それから二十年が経ち、施設で仕事をしていく時に具体的な手助けになっている係わり方の柱に「マカトン法、臨床動作法、抱っこ法、ＴＥＡＣＣＨ、乳幼児精神分析」があります。こうして掲げてみると、どれもバラバラで無節操のように感じられる方がいると思いますが、僕の中では一貫しています。それは「上手に喋れなくてもいいんだよ、伝わりさえすれば。それが、手話でも動作でも、視覚的な情報提供であっても、果ては以心伝心でも筆談でも、関係ないじゃないか」という視点です。

もちろんそうは言っても、彼らへの対応が行き当たりばったりで思いつきの係わりでは、どうしようもありません。豊富な専門知識と論理的な思考が不可欠です。それを、弘済セミナー（神奈川県秦野市にある、弘済学園が年一回主催する研修会）で教わることができました。そこで出会った、現町田かたつむりの家のスタッフである森公男氏には、「学会レベルの知識を、どうすれば現場に下ろすことができるのか」という、僕たちが担っている課題の重さを、常に教えられています。

「マカトン法」学習のきっかけは、視覚的な情報処理は人並みで、日常生活場面では殆ど困らないレベルなのに、聴覚的な情報処理が全く苦手で、パンツすらも言語指示だけでは持って来ることができないダウン症の方との出会いでした。

「臨床動作法」に係わるようになったのは、視覚障がいと知的障がいを併せ持ち、心理的な緊張が高く、一分たりとも音楽なしには生きていくことができない方に為す術がなかった時からです。「待つ」ことの大切さ、「イヤを受け止める」ことの大切さを、今も教えてもらっています。

「ＴＥＡＣＣＨプログラム」は、北海道おしまコロニーの実践が全てです。「わからなくて我慢する」ことと「見通しを持って我慢する」こととの違いから始まり、自立や自律の意味を考えさせられることになりました。

よく療育には、冷めた頭と熱いこころが必要だなんて言われますよね。僕の言葉でいえば「科学的な仮説と向かうこころ」ということになるのですが、この熱いこころを教えていただいているのが「抱っこ法」ということになります。「抱っこ法」との出会いは、自分たちの力ではどうにも壁を越えることができないと判断した、強度行動障がいを併せ持つ自閉症者への対応について、阿部秀雄先生にお願いした時に始まります。

そして、この「抱っこ法」を理解するには、背景に精神分析があることを知り、多大な影響を受けているのが、「乳幼児精神分析」の世界ということになります。この奥深い精神分析の世界を教えてくれているのが『乳児の対人世界』（D・N・スターン著　小此木啓吾・丸田俊彦監訳　神庭靖子・神庭重信訳　岩崎学術出版社　一九八九・一九九一）ということになります。

『人生を物語る』という発想は、この精神分析からいただいたものです。

今の僕にとってこの『物語るという方法』は、目の前にいるこの人たちを理解していくのに、なくてはならぬ方法になっています。ここまで書いてきたことが、僕自身の『物語としての人生』ということになります。


さて、こんな僕がどんな実践をしているかということを次にご紹介します。

読者の方はおわかりだと思いますが、施設というのはチームで仕事をしています。いかなる実践も、個人のためだけの実践ではありません。誰かが濃密な係わりを必要としている時には、その陰でじっと自分の順番がやってくるのを待っている、他のメンバーさん方がいるわけです。ですから、厳密にいえば職員だけの実践でもないのです。この辺のところを実感しながら読んでいただけると嬉しいです。

どっちが支えられているのかわかりゃしない

愛子さん、六十八歳。頑張り屋で気丈夫な彼女は、常に笑顔を絶やさず、愚痴をこぼすこともなく、今迄の人生を歩んできたに違いない（たぶん）。

平成九年、我々の前に現れた彼女は、何ヶ月か続いた体重減少のせいで顔にしわが増え、加齢による衰えをやや感じさせていたが、周りの心配をよそに、肉が落ちたせいで浮いてしまった入れ歯を、大笑いするたびに飛び出させては逆にみんなを大いに笑わせた。

そして不当に振戦して（ふるえて）しまう自分の身体に苦戦しながらも、誰にも頼らずに衣服を着替え、食事をし、車椅子をあやつり、排泄をした。暗い顔や寂しい表情、甘えるしぐさ、自分の弱みなどを垣間見せるようなことの何もかもが彼女には無縁で、見事な自立ぶりだった。しかしこのように自分を甘えさせない厳しさが外へ向かうと、自分よりも自立レベルの低い仲間に対して、時には罵倒といっても良いような、小言を浴びせることにもなっていた……。そんな彼女の明るいたくましさとは裏腹に、その後も体重は減少し続けた。

血液検査、レントゲン検査、エコー検査、転院、投薬、たどり着いた結論は「神経因性膀胱」の診断だった。膀胱が収縮して尿を押し出す力がないために、尿道にカテーテルを挿入し、太腿につけた集尿パックに導尿することしか選択肢がない疾病だった。集尿パック取り付け第一日目。さすがにピンとこないのか、彼女は何回かトイレに通い、職員から「もう、トイレに来なくても大丈夫だよ。このパックの中にオシッコが溜まるから」と説得されていた。次第に導尿生活にも慣れ、カテーテルも上手に扱うことができ、カテーテル交換と膀胱洗浄の通院もイヤがらず……と、全てが順調そうに見え、体重も増加に転じ始めていた。そんなある日……。彼女の頭に〈大きなストレスあり〉の証拠である円形脱毛が発見された。思い当たる原因は、全てが順調にいっていると思っていたカテーテルしかなかった。

即座に、抱っこ法的アプローチが始まった。担任はみんなが寝静まった就寝後の時間に彼女を訪れる。

職員：「ねえ、愛子さん、何か心配ごとか一人で我慢していることがあるんじゃない？　ちょっと膝枕してあげるからゆっくりお話しようよ」

愛子：「膝枕なんかしてもらわなくても、おれはいい。なにも我慢していることなんかありゃせん。心配ごとも何にもない」

職員：「でも、ほら、頭に小さなハゲができちゃったでしょう。絶対何かあると思うんだけど」

（膝枕をイヤがる愛子さんを少しずつ、無理をせず誘う）

職員：「今日はねえ、愛子さんの話、何でも聞こうと思っているんだよ。私の知らない話、きっといっぱいあると思うな。今迄愛子さんの話、ちゃんと聞こうとしなくてごめんなさいね。なにか、ほら、イヤだけど我慢して、やっちゃっていることあるでしょ」

（彼女の身体が次第に緩み、安心して担任の膝に横たわる。ポツリポツリと彼女の口から言葉が漏れる）

愛子：「おれなあ、我慢しとるんな。このオシッコの管、本当は抜きたい。自分でオシッコへ行きたい。でも病院の先生が絶対抜いちゃいけんと言っとったもんで、一生懸命、我慢しとるんな」

（初めて伝わる愛子さんの本音に、担任の目から涙がこぼれる）

職員：「ごめんね。こんなに愛子さんが我慢して頑張っていることを、全然私知らなくて。オシッコの管のこと、愛子さん病気が治るって、喜んでばかりいると思っていた。何にも知らなくて本当にごめんね」

（担任は、知的障がいの方々と係わる仕事に身を投じながら、愛子さんの辛い気持ちにこれっぽっちも気づかなかった自分のいたらなさに涙がますますこぼれる。ところが愛子さんはそんな担任の無理解を責めようともしない）

愛子：「先生、泣いちゃいかんに。おれのことで泣いちゃいかんに。おれ一人が我慢すればそれでいいんだで。それで済むんだで。先生おれのことで泣いちゃいかんに」

いったい知的障がいのある彼らと、健常といわれる僕たちと、どちらが立派な生き方をしているのだろうか？　思いやりがあり、優しさがあるのは、いったいどちらなのだろうか？　担任の目からはもう涙が止まらない。この話を翌朝聞くことになった僕の目からも、涙がとめどもなく流れた。僕たちの仕事はこの涙を実践に移すことだ。

『この人たちは、何のために生まれてきているんだ。一人で我慢するために、生まれてきているんじゃない。悲しい時、寂しい時、誰かがそっとそばにいてくれる。嬉しい時、自慢したい時、誰かが一緒に喜んでくれる。それをするためにこの人たちも、僕たちも生まれてきているはずだ。愛子さんにこんな立派過ぎる言葉を吐かせているのは、いったい誰なんだ！　これじゃ、どっちが支えられているのかわかりゃしない』

この夜から九ヶ月。僕たちの実践は、愛子さんのこころに少しは近づくことができているだろうか？

僕がまだ若かった頃、そしてこの仕事についてからも、僕はいつでもなんとか幸福になろうとして懸命だったように思う。そして、そうなるために、その場所にも人にも僕は訪ねて行くことができた。

今、僕の目の前には、僕が幸福になりたいと思ったと同じように、幸福になりたいと手を差し伸べている何人もの人がいる。しかし残念ながら、彼らは自分の力だけでは幸福がどこで得られるのかもすぐにはわからないのだ。

だから僕たちにできることは、勇気を出して、その差し伸べられている手を握り返すことだ。みんなが幸福になるために。

第1章

わかることってうれしい

【北海道おしまコロニー】

その年の夏、僕は北海道にいた。なけなしのお金をはたいて家族四人、妻のお腹には三人目の子がいたから、正確には五人というところか……。初めての、家族揃っての飛行機旅行だった。この時僕は、函館空港近くにある「おしまコロニー」で、『強度行動障がい研究会』に参加を予定していた。僕だけが北海道に行くというのでは、さすがに格好つかないので、罪滅ぼしのために誘った家族旅行だった。妻や子どもたちが函館港でヒトデやナマコと戯れている一方で、僕は連日おしまコロニーでの事例研究会に参加していた。

ここで学んだのは「TEACCHプログラムの、入所施設での実践」だった。TEACCHプログラムは、学生時代に自閉症児の療育ボランティアグループのスタッフ面々で、原書を拾い読みしていた程度だった。十五年の月日を隔てて、再び出会ったこの自閉症療育プログラムの実践は、入所施設で確実に効果を上げつつあった。小さな個別指導室の中でしか実践できない、と思いこんでいた療育プログラムが、最も専門性とは遠いところにあると思われる、入所施設で花開いているのだった。

おしまコロニー星が丘寮の寮長さんだった寺尾さんが、酔えば必ず口にする言葉は「宮下君、あの時はできなかったじゃ済まされないんだよ。気がついたら始めなきゃ、知ったら始めなくっちゃ。始めるのに早いも遅いもないいんだよ」だった。おしまコロニーは、TEACCHプログラムによる支援を始めるまでに、職員教育に三年を準備したという。

しかし我が明星学園では、資金も人材も準備期間を設けるほどの余裕がなかったので、ぶっつけ本番の見よう見まねでの実践を始めることにした。

当時の明星学園には、二十人のクラス（居住棟）が二つあったので、両クラスから支援対象者を一名ずつ選び、その対象者の最も困り感の強い場面に、ＴＥＡＣＣＨプログラムのスケジュールを当てはめることにした。僕は、支援職員と利用者のいずれもが最も困っている行動について新しい支援方法を提供して効果を上げれば、この支援方法を現場に定着させることができる最も良い手段であると考えた。

この時に選ばれたのは、「達也さんの入浴場面」と「由貴子さんの中学生交流会の場面」だった。達也さんは、入浴時に裸で洗濯物コンテナを、屋外の洗濯場まで強引に運ぼうとして、いつも支援職員と「コンテナを渡せ、渡さない」の大捕り物を演じていたし、由貴子さんは、中学生交流場面でいつも裸になってしまい、着たり脱いだりのイタチごっこを演じていた。

達也さんの大捕り物は「裸になる・入浴する・服を着る・コンテナを運ぶ」など、本人自身の写真カードでスケジュールを提示した途端になくなった。そして、回を重ねるごとに穏やかに入浴することができるようになっていく達也さんの姿が見られた。

一方のクラスでは、由貴子さんへの支援提供が始まっていた。

幸福のかたち　パートI

由貴子さんは、学園祭を前にしたある日に服を脱ぎ続けた。職員が数えただけでも十三回だというから、一時間に一回以上のハイペースだったのだ。もちろん由貴子さんの『服脱ぎ』には理由があり、歴史もある。そしてそれは、由貴子さんが求める『幸福のかたち』と大いに関係していることになる。

僕たちが由貴子さんと付き合い始めた二年前の冬、やっぱり服を脱ぐ彼女がそこにいた。「緑ケ丘中学の生徒が訪ねて来た」と言っては脱ぎ、「施設見学の人が来た」と言っては脱いでいた。また突然の出来事があるたびに脱いでいたのだが、それは（私、こんなこと聞いていないわよ。ちゃんと教えてよ。びっくりしちゃうじゃない）とでも言っているかのようだった。

そんな由貴子さんの気持ちを推察する僕たちの対応はこうなる。

一つは絵カードを使って、日課の流れを事前にわかりやすく説明する。二つ目は、特に彼女が気にしていると思われる外来者の来園について、口頭で何回も予告をする。この方法でどうなったかというと、『服脱ぎ』は少なくなっていった。きっと一日の見通しが立つようになってくるからなのだろう。僕たちもちょっと安心し、由貴子さんも穏やかな気分になっていたに違いないと思う。

年が明けてしばらく経ったある日、また彼女の『服脱ぎ』が頻繁に見られるようになった。前段のような働きかけは続けているのだから、今度の『服脱ぎ』には違う理由があるはずだ。度重なる『服脱ぎ』

について、最初は何を伝えようとしているのかがわからなかった職員にも、ピンと来るものがあった。今度は解明のヒントを彼女がくれたのだ。「ひーつけるのー」と何回も言うことで、彼女は『どんど焼きに行くのイヤだよー』と言い続けていたのだ。（明星学園のどんど焼きは、毎年一月十五日）ライターの火でさえ怖い彼女にとって、どんど焼きの火は想像を超える恐ろしさなのだろう。

しかし「由貴子さん、どんど焼き行かなくてもいいんだよ」という職員の声かけだけでは『服脱ぎ』は減っていかなかった。どんど焼きだけでなく、今迄の人生のあらゆる場面で、こころからイヤなのに無理矢理にやらされた苦い経験があるからなのだろうか？　なかなか僕たちの言葉を信用してくれなかったのだ。そこで彼女の部屋に「どんど焼きに行きません」「どんど焼き×」と書いた紙を貼ることにした。これで少し安心してくれたのだろうか？　『服脱ぎ』は少しずつ少なくなっていった。

この二つの出来事を通じて、僕たちには由貴子さんのお心のあり方が少しずつわかってきた。まず『イヤ』と思うことがあっても、それが職員を中心とした周りの人間に伝わらない状況があると、服を脱ぐ行為が起こるということだったのだ。

由貴子さんには、発語があり「交流会イヤなの」とか「どんど焼き行かないの」といった言葉を、喋ろうと思えば可能だ。しかし彼女はそうせずに、『服脱ぎ』という、持って回ったような強硬手段で、自分の想いを伝えようとする。でもそれは、とても危険な賭けでもあるのだ。なぜなら「服を脱ぐ」という行為そのものを叱られるだけに留まることが多く、彼女の本当の気持ちに気づいてもらうことは難しいからだ。その結果〈叱られる〉悲しさと、〈わかってもらえない〉という悲しみが二重になり、余計に自分が傷つくことになりかねない。この時も僕たちの係わりは功を奏して、『服脱ぎ』はなくなった。

ある晩、三十以上のおやつの名前を一気に並べて「たべたいのー」と言った。そして翌日から『服脱ぎ』が始まったのだった。それは（ずーっと私、いろんなおやつを自由に食べたかったんだよー）と言っているかのようだった。そこで、カレンダーに一日一つずつ希望のおやつの絵を描き、約束通り提供したところ、『服脱ぎ』はなくなった。

それが解決した頃に、担任の職員が由貴子さん以外のメンバーさんと係わっている姿を見ながら、次の『服脱ぎ』が始まった。（自分だけの先生じゃないの？　私を一番に見てよ）これが彼女の本当の気持ちだったのだ。それから一年、彼女の『服脱ぎ』は消えたかと思うと現れ、消えたかと思うとまた現れるということを繰り返している。

そして、今回の一日十三回の『服脱ぎ』になる。これは（学園祭の花火イヤだよ）という訴えだ、ということがだんだんわかってきて、僕たちの対応も決まった。しかし、一年半前のどんど焼きの時と同じように「花火行きません」と書いて貼ったのだが、状況は変わらない。

彼女の言いたいことは（突然の出来事イヤなの）から（イヤって言ったら本当にやめてよ）へ、そして（いろんなおやつが自由に食べたいな）から（誰よりも自分のことを大切にしてよ）というお願いになっていく。彼女の求める幸福のかたちは、このように次々と質の高いものに変わってきている。今回の花火イヤイヤ事件では、お母さんと「絶対に花火には行かない」と電話で約束ができたことで、ピタリと止まった。

彼女の本当の気持ちとは？

それは『私の大好きなお母さん、私のイヤなこと、ちゃんとわかっていてよ』かな。

幸福のかたち　パートⅡ

『服を脱ぐ』という行動を通した職員とのやりとりから、自分の求める幸福のかたちを何が何でも手に入れようとした由貴子さんの物語は、昨年の学園祭前にした母親とのやりとりで、一旦は収束を見せたかのような静けさを取り戻していた。

（今日一日の予定くらい、ちゃんと私のわかる方法で、前もって教えてよ）から始まった由貴子さんの幸福を求める旅は、一年半の期間を要して（私はどんど焼きの火が本当に怖いの。私が行きたくないと言ったら、絶対に連れて行ったり、誘ったりしないで）（私には食べたいおやつがいっぱいあるの、自由に食べたいわ）（担当の先生、私を一番に見てよ）へとつながり、昨年の学園祭前にやっと（私は、花火が怖いんです。それを本当にわかって欲しいのは、私の一番大好きなお母さんです）にたどり着いた。

由貴子さんは「わがままを言いたい」「ちょっと甘えたい」「さびしい」「言うことを聞きたくない」そんな気持ちを伝えたい時に、あるいは伝わらない時に服を脱いだ。そんな時に「服を脱いではいけません」という対応は、いったいどんな意味を持つのだろうか？　実はそれは、「あなたは、素直に自分の気持ちを伝えようとしてはいけません」と彼女に言っているに過ぎないのではないだろうか？

したがって僕たちは、決して「服を脱いではいけません」とは言わずに「どうしたの？　何かお心の奥にしまってあることが、あるんじゃない？」と言う。僕たちは、由貴子さんの『服脱ぎ』行動に目を奪われることなく、彼女の本当の気持ちに一生懸命耳を傾け続ける。そして、彼女の想いを確実に具現化するささやかな努力を積み重ねていけば、いつかきっと『服を脱ぐ』という方法を用いずに、本当の気持ちを伝えることができるようになるだろうと信じていた。

七月の学園祭の後、由貴子さんの『服脱ぎ』は激減した。それを僕たちは「本当に火が怖い」のだとお母さんに伝えられたことで、一定の到達点にたどり着いたのではないかと考え、安堵していた。なぜなら、イヤがる素振りをしながらも一緒に花火見学ができる娘に、花火のきれいさや夏の夜の楽しさを経験させようと、長い間努力してきた母親に対して「花火には絶対行きたくない」と伝えることは、由貴子さんにとってとてつもない勇気のいることだろうと想像できたからだ。

しかし、彼女の幸福希求の旅は、終わってはいなかった。由貴子さんとのお付き合いも二年が過ぎようとしていた十二月、再び彼女の頻繁な『服脱ぎ』が始まった。〈クリスマス会にお母さん来るの？クリスマス会のローソクの火が怖いこと、ちゃんとお母さん知っていてくれる？〉〈お正月は家に帰れるの？〉……。そこで、この二年間で蓄えられた彼女の本当の気持ちリストに沿って〈母親と電話をする〉〈クリスマス会、帰省日、帰園日をカレンダーに表示する〉〈重ねて確認したいことがあると「おふろのじゅんびするのー」と言って要求する彼女に、何回となく「○○日はお母さん来るよ」と答える〉という手立てが打たれたが、全く由貴子さんの『服脱ぎ』は減らなかった。由貴子さんの本当の気持ちは、僕たちの届かないところにあるのだ。

僕たちは母親の言葉に頼り、帰省の確認電話を何回か、かけることにした。そしてある時突然、解明のヒントが訪れた。由貴子さんは、母親との電話を切った直後にそのまま流しに向かい、服を脱いで水に浸けたのだった。ここまでくれば明らかに原因は直前の母親との電話である。「どんな電話だった？特に変わったことを、お母さん話していなかった？」電話口に一緒にいた職員は「特にいつもと変わらないように思いますけれど……。頑張ってねとか、先生の言うことをちゃんと聞くんだよとか、服を脱いじゃいけないよとか……」

由貴子さんは、施設という場所で頑張っていないのだろうか？

職員の言うことを、聞こうとしていないのだろうか？

人前で服を脱ぐことは、いけないことだと知らないのだろうか？

答えは否である。彼女は寂《さび》しさをこらえてよく頑張っているし、十分に職員の言うことを聞いている。そして、できるなら服を脱がないようにしたいと思っているに違いない。

そんな気持ちに気づいた僕たちは、由貴子さんに「お母さんいろいろうるさいよねえ、こんなに由貴子さん頑張っているのにねえ、ちっともわかってないよねぇ。お母さんいろいろ言うなよって、今度頼んでみようよ。きっとわかってくれると思うよ」と伝えた。母親にしてみれば「頑張ってね」の一言も、「先生の言うことを聞くんだよ」「服を脱いじゃいけないよ」の注意事も決して悪意じゃない。娘が可愛いがための発言だ。しかし今の由貴子さんにはその全てが、お小言に聞こえるのである。

七月の「花火行きたくない」は、ただ花火の恐さを母親に伝えたかっただけではなく、〈花火に連れて行きたい母親〉と〈花火に行きたくない自分〉という別々の主体としての人生のあり方＝母親が期待している由貴子像と、由貴子さん自身が生きようとしている人生との違いに、由貴子さん自身が気づき始めていることを、本当は伝えたかったんじゃないだろうか。母親には、電話を切った後の由貴子さんの状況を説明しながら、このような僕たちの考えを伝えた。そして由貴子さんには「今電話でお母さんに伝えたよ。由貴子さんが十分に学園で頑張っていること、職員にとても協力していてくれること、たくさんのことを我慢していてくれること、みんなみんな伝えたよ。お母さんわかったって、もう小言みたいなことは言わないって言っていたよ。由貴子さんも、お母さんのことわかってあげてね。お母さんは、由貴子さんのことが嫌いであんなこと言ったんじゃない、ってことをね」由貴子さんの『服脱ぎ』は、これでなくなった。

それから四ヶ月が過ぎようとしている今、彼女の『服脱ぎ』は見られない。彼女は伝えたい何かがある時、職員のそばに来てペタンと座り込む。そして、少し微笑を浮かべながら、ちらちらと職員の顔をうかがうようにして「おふろのじゅんびするー」と、のたまう。

由貴子さんの幸福のかたちを求める旅はここでちょっと小休止だ。

僕たちもここらでちょっとお休みをいただけたらなあ……なんて思っている。

ここで条件があります。その植物は必ずポジティブなイメージを感じさせるものを選んでください。枯れたユリの花ではネガティブイメージですよ。見つめられる時は恥ずかしい思いがどうしてもありますのでうつむきがちになってしまいます。そうなると表情が見えにくくなりますので、必ず正面を向いて、軽く目を閉じていてください。

見つめ終わったら、4名の方が順番に何に見えたのかを伝えましょう。例えば「ひまわり」という花なら「太陽に向かって輝いているひまわり」とか「いつも明るく輝いていているイメージがします、だからひまわりを思い浮かべました」というような簡単な物語を作って伝えてください。1名1分程度、合計5分内で実施してください。次に、要の位置で見つめられた方が、皆さんからのメッセージを聞いた時の気持ちを具体的に伝えてください。それを順番に5名繰り返します。

④それぞれのグループの代表者数人が感想を発表します。

⑤以下のことについて確認しながらリーダーはコメントを返します。

・ポジティブに見てくれようとしている時の穏やかな雰囲気→支持的環境の大切さ
・ポジティブに見ようとすれば見ることができる→リフレーミングの大切さ
・見られる自分、それを感じることができる自分→非言語的コミュニケーションの大切さ
・植物を媒介にして普段ちょっと言えないようなことも言える
・職員会で使えば変容していく自分を感じることができる
・無意識に伝わる心理的雰囲気、イメージの世界

⑥初めて出会うメンバー同士でも、何年もの旧知である事業所内でも実施できます。

課題
1 やっぱり気持ちがいいポジティブメッセージ

こころの栄養

目　的

「褒められると嬉しい」それは誰でも知っていること、でも何をどのように褒めるのか、あるいはどんなふうに褒められれば嬉しいかは、意外と難しい。とかく「褒める」という言葉を聞くと、「できるところ」「すぐれているところ」を褒めるに直結的につながってしまって、すぐれているところが見つかりにくい方に出会った時に（特に重度知的障がいのある方など）立往生してしまうからです。

しかし、ポジティブメッセージはどこにも転がっています。挨拶一つでも、振り返って、一歩進みでて、1秒立ち止まってするだけで、それはポジティブメッセージになります。多くの方々が気がついていないことであるけれど、「関心を寄せる」ということでさえもポジティブメッセージになるのです。「床屋行った？」や「新しいTシャツだね」なんていう言葉だって、関心を寄せていなければ発せられない言葉なのでポジティブメッセージになります。

また、意識的に努力しなければできないのがポジティブメッセージです。照れくさいような、戸惑うような、伝える側も伝えられる側も妙にぎこちなくなります。でもやってしまえば、その後はお互いに気持ちいいのです。そしてやっぱり嬉しいのです。

準備品

椅子、人数分

方　法

リーダー1名、参加者5名～30名

①5名ずつのグループになります。老若男女混合が良い。

②5名のうちの1名を扇子の要の位置に置き、他の4名は扇の位置に座ります。

③ワークの内容についてガイダンスします。

　要の位置にいる人を他の4名が1分間見つめます。見つめながら、その人が植物（花や木）に例えると何に見えるか想像してください。

第2章

名探偵コナンへの道

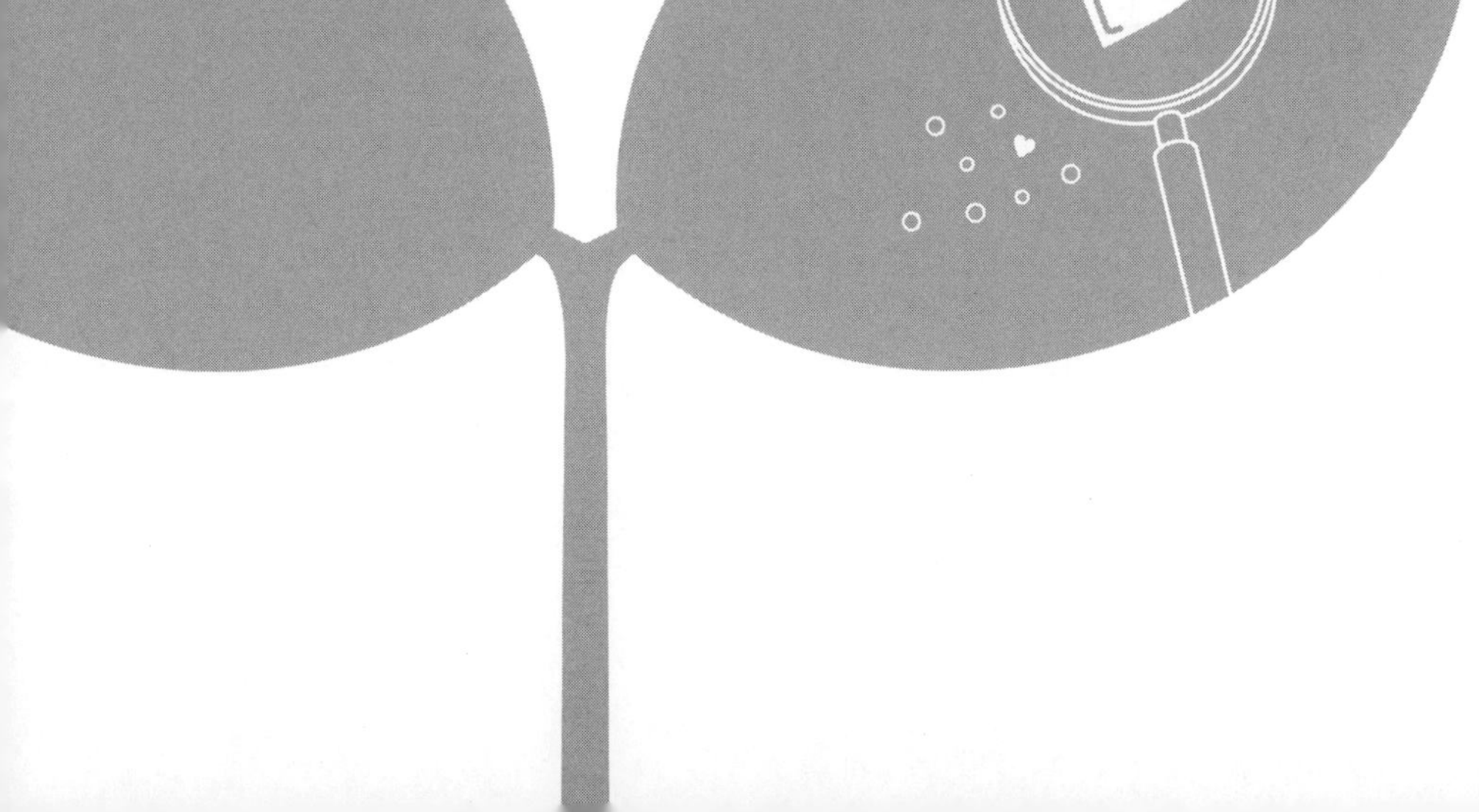

【名探偵コナン】

「宮下さんの仕事は『名探偵コナン』ですね」そんな褒められ方をされて、とても嬉しかったのを覚えている。もう二十年前になるが、四国において、百名程が参加する知的障がい関係職員研修会が行われ、講師として出かけたその時に書かれたアンケートにあった言葉だった。「僕の仕事をわかってくれる人がいる……」『名探偵コナン』の言葉が、すっとこころの中に落ちた。入所施設という所で働き始めて十年を経過し、専門性とは何か？　これから先の数十年、何を目指してこの仕事をしていったらいいのか？　自分の目指すべき方向性を見出そうと、もがいていた頃だった。

幼い我が息子や娘に「お父さんの仕事って何？」と聞かれた時の答えは格好良いのか？　わかりやすいのか？　というところにその基準があったのだが〈オムツを替えるのがとても速い〉〈食事の介助が上手〉〈一度に十人を散歩に連れて行ける〉こんな説明では、とても息子や娘に父親としての憧れを、感じてもらえるはずがなかったし、僕自身も一回限りの人生を懸けるのには、とても物足らない目標だった。もちろん〈大きな声を出して言うことを聞かせる仕事〉なんていうのはとんでもない。

悩んだ末にたどり着いたのは「入所施設で生活する人たちの『本当の気持ちに出会う』ために『その専門性の獲得のために』この仕事をしていこう」という決心だった。幼い我が息子と娘に「お父さんの仕事って何？」と聞かれて「喋れない人の、本当の気持ちをわかろうとする仕事、なんだよ」と伝えることができるのは、最高に素敵な父親だと思えたし、語る術を持たないこの人たちの【本当の気持ちがわかる】という能力の獲得は、一生懸けても惜しくない、大きな仕事だと感じた。

こころの中で何度も何度もつぶやくうちに、それは確信になった。

『名探偵コナン』が真犯人を見つけるために、残された証拠をジグソーパズルの一片一片を合わせていくのと似て、僕たちは彼らの【本当の気持ちに出会う】ために、彼らの一つ一つの行動を紡ぎ合わせていく。確かに僕たちの仕事は、『名探偵コナン』だった。

この僕に『名探偵コナン』の言葉をくれたその人は、まさかその言葉が二十年後の僕を今でも支えているとは思っていないだろう。

どこの誰とも知らない人に、僕は今でも支えられている。

名探偵コナンへの道　ホップ編

直樹さんは、主婦が台所で使う厚手のビニール手袋をはめて、もう何時間も玄関に立っている。おそらく、職員のトイレ掃除用の物を持ち出してきたのだろうが、そのピンク色は、新築になった玄関の風景からやたらに浮いている。足元には、二年程前に買ってきたお気に入りの長靴だ。これはかなり本格的で、以前は外出時でもこれをはいていそいそと出かけていたものだ。冬でも夏でも、雨の日でも晴れの日でも変わらない姿だった。

「食事だよ〜」と呼ばれて食堂へ……気がつけばまたこの姿で玄関だ。

「ちょっとそのビニール手袋、貸してくれる？　トイレ掃除しなくちゃいけないから」……一旦渡してくれた手袋は、またいつのまにかちゃっかりと彼の元へ、そしてまた玄関だ。

宮下智著【お心主義辞典】の第一条は、〈新しい常識〉である。

その第一項には『行動全てが何かを伝えようとする発信である』と書かれている。とすると、『ビニール手袋』の意味は？　『長靴』の意味は？　そして『玄関に立つ』ことの意味は？　僕たちの支援は、いつでもこんな謎解きパズルの中にある。

まず『玄関に立つ』をイメージ連想しよう。知的障がいの方だったら、自閉症の方だったら、直樹さんだったら……と。『玄関に立つ』を、彼らの気持ちに添ってできるだけ誠実に想像してみる。その方が入所施設で長い間暮らしているとしたら……というファクターはとても重要だ。そして〈外出〉〈帰省〉〈面会〉などというキーワードを引っ張り出すことができる。

次は『ビニール手袋』である。入所施設では、多様な手袋を持ち出すことは不可能だから、『ビニール』にこだわることなく『手袋』でイメージを追ってみた方が近道だ。連想ゲームが始まる……。〈軍手〉〈働く〉というところまで連想していくと、彼の家族状況を背景に、彼のこころに近づくキーワード思い浮かべることができる。

それは〈お兄さん〉だ。お兄さんの職業は土建屋（いわゆる土方）で、一年中休みもなく働いている。父母の離婚が十五年程前で、妹は母親に引き取られ、彼と兄は父親に引き取られた。この時に母親と会うことは禁じられている。その後父親を事故で亡くし、兄はたった一人の身寄りなのである。直樹さんは父母の離婚に伴い、帰省、面会の機会を消失したのをきっかけに、精神の変調をきたしている。不眠、多動……大量の精神安定剤の服用にもかかわらず、一日に数十分の睡眠しかとれず、最後には、止めに入る女子職員三人を引きずって職員室に入り込み、自傷した傷に絆創膏を貼れと、一日中強迫的に要求した。結局その後の一年間、彼は精神科閉鎖病棟で過ごしている。

実は、お兄さんと僕たちには約束がある。一年中休みもなく働くお兄さんには、自家用車もなく、経

済的にも時間的にも帰省や面会が困難な状況下、僕たちは
「少なくとも一年に一回は、彼に会いに来てください。お兄さんは、彼にとってたった一人の家族なんです。一年に一回でも、それをずっと続けてくだされば、それは定期的な面会ということになります。彦星と織姫が一年に一回の逢瀬を楽しみにして、残り三百六十四日会えないことを忘れるように、子どもたちが一年に一回のサンタクロースを楽しみにするように、それを楽しみにして暮らすことができるのです。大切なことは続けることです。回数の多さではないのです。一回なら、サンタクロースのように十二月がいいですね。学園のクリスマス会の日でなくてもいいですから、是非お願いします」
と、無理を承知でお願いし、お兄さんの了解をいただいて今に至っているのである。十年経った今でも二人の面会は、自家用車を持てぬ兄の代わりに担当職員が送迎をし、ファミリーレストランへの外食や大型店への買い物など、彼の幸せを支えている。
最後に『長靴』だ。これには職員集団も考え込んでしまった。なかなかぴったりフィットする答えが見つからないのだ。そんな時ある職員が「今村さん？」とつぶやいた。それは彼の大好きだった職員の名前である。現在は定年退職しており、彼の姿はない。〈今村さん〉は、五十代後半で、直樹さんの父親代わりとして、担当職員でもないのに本当に頑張ってくれた。そういえば〈今村さん〉、軽トラックに乗って作業服を着てやってきて、長靴をはいて土手の草刈りをする姿が、とても格好良かった。実は、大量に服薬していた精神安定剤が現在のようにゼロになったきっかけを作ってくれたのも〈今村さん〉

である。弄便《ろうべん》や脱衣を繰り返す彼に、〈今村さん〉は辛抱強く付き合い、ついに彼の「イヤ」のサインを発見したのだった。直樹さんの右手がすっと動いて、口の周りを手のひらでサッとなでると、これが彼の「イヤ」のサインだというのである。

さっそく僕たちはこのサインのとりこになった。彼の弄便は、手のひらに大便が乗っかっていれば、口の周りがウンコだらけになる、ということの繰り返しだったからである。排泄に誘うと、彼は口の周りをサッとなでる。「そう、イヤなんだよね。また後でね」排尿に付き添う職員が近くに立っていると、また手がサッと動いて口元へ「アッ！　ごめん、ごめん、近くにいちゃイヤだよね。見られたくないもんね。向こうへ行っているね」

睡眠薬入りの眠前薬を持参した職員の前で、やはり彼は口元をなでる。「そうか、飲むのイヤなんだよね。今日は飲まなくても眠れそうなんだ。よくわかったよ。じゃあ飲むのをやめにしよう」こうして精神安定剤の服薬はいつのまにかなくなった。どんな小さな《イヤ》からでも、《イヤ》を受け止め続けることの誠実さを教えられた一件だった。

というわけで『長靴』は〈今村さん〉で、その意味は〈愛着〉である。

ここでやっと、最初の行動理解の方法へ立ち戻ることができる。つまり、直樹さんの『ビニール手袋をして、長靴をはいて、玄関に立っている』姿は（大好きなお兄さんに、面会の時に大事なお願いがある）と、言いたい姿だと考えることができるのである。

僕たちには、言葉の意味がわからない時国語辞典を引くと、答えがそこにある。ところが直樹さんには、コミュニケーションの手段として有効な発語がない。あるのは、目の前に繰り広げられる行動だけだ。彼とのコミュニケーションのツールとして、国語辞典は全く役立たない。必要なのは『ビニール手袋』を引いたら〈兄のこと、又は働いている人のこと〉と書いてある辞典、『長靴』と引いたら〈今村さんのこと、又は愛着を感じる人を代表している〉と書いてある辞典、『玄関に立っている』と引いたら〈面会、帰省又は外出のこと〉と書いてある辞典なのであり、この世の中に立った一冊しかない【直樹さん辞典】を作るのが僕たちの仕事になるのである。

ここまでたどり着いた職員は、さっそく直樹さんに、お兄さんとの面会でやりたいことを、写真カードを使って相談します。彼はお兄さんとの関係では初めて選ぶ〈温泉カード〉をまず選択し、次にこれも珍しい〈とんかつカード〉を選択して、職員に希望を伝えることができます。その希望が今度は彼のスケジュールカレンダーにシールとして貼られます。

これで『ビニール手袋をして、長靴をはいて、玄関に立つ』行動は、ピタリとなくなりました。これって、やっぱり名探偵コナンですよね。絶対に。

名探偵コナンへの道　ステップ編

七、八年前のことだろうか、由貴子さんが喋る言葉といえば、のべつまくなしに「おふろのじゅんびする〜」の一言で、入浴日であろうがなかろうが、一日中繰り返されていたものだ。女性にしては、ちょっと低めのトーンと平板なイントネーションで「おふろのじゅんびする〜」と、のたまうのだった。

職員集団は、本人の気持ちを傷つけないようにと気遣いながら「ありがとね、由貴子さん」と応えてみる。きっと違うんだろうなと思いつつも「お風呂は、明日だよねえ」なんて応えてみたり、あるいは、あまりのしつこさに「今日はもうおふろ入ったよね」なんて意地悪な冷たい対応もあったりする。今になって思えばちんぷんかんぷんなやりとりを、一生懸命にしていたのだった。

宮下智著【お心主義辞典】から〈反復される行動〉の項目を紐解いてみることにしよう。

そこに『繰り返される行動の裏には、必ず本当の気持ちが隠されている』と書かれている。

もちろん前段のような対応では、彼女の「おふろのじゅんびする〜」は止まらない。なぜなら「おふろのじゅんびする」ことは、彼女の本当に伝えたい気持ちではないからなのだ。ただしその気持ちは、例えばこうすることで受け止めることができる。

キャンプに出かけた時のこと、由貴子さんは帰りのマイクロバス出発時に「おふろのじゅんびする～」とのたまった。職員はすかさず「あーあ、楽しかったキャンプも終わりだね。イヤだなあ、もっとここにいたいよねえ」これで彼女の「おふろのじゅんびする～」はピタリと止まった。

しかし残念ながら、彼女の意志とは裏腹にマイクロバスは学園に向かって出発した。しばらくしてバスがセブン―イレブンの前を通過すると、彼女は再び「おふろのじゅんびする～」とのたまう。職員の返答は「ジュース買いたかったな、学園に戻ってからまた飲もうね」彼女はこれで「おふろのじゅんびする～」を繰り返すことはない。

いよいよバスは、彼女の意に反して学園に到着である。学園の入り口を入ったところで彼女はまたのたまう「おふろのじゅんびする～」ここでの職員の受け答えは「イヤだよね。大嫌いな学園に着いちゃったねえ。またいつもの生活が始まるねえ。あぁ、イヤだイヤだ」これで、彼女の「おふろのじゅんびする～」はもう繰り返されない。

彼女の「おふろのじゅんびする～」は、「キャンプから帰るのイヤだ」「ジュース買いたいな」「学園嫌いだよ」……と、何でも使える万能の会話術である。傍から見れば、全くバッドチューニングな話だ。「お風呂にキャンプ」「お風呂にジュース」「お風呂にイヤな学園」どう見たってへんてこりんな、こんな会話がどうして成立するのだろう。だからこそ、この読み解きに僕たちの専門性が存在するのである。

これが名探偵コナンへの道である。

まず、根底にある彼らのネガティブ・セルフイメージ（否定的自己像）を仮定してみよう。彼らの感じ方は超被害的だ。つまり物事を悪く、悪く考えたり、今起こっていること全てが（迷惑をかけているに違いない）（こんなことを言ったら〈やったら〉きっと嫌われる）というように、自分が至らないことが原因だと考える。そして「良い子にしていないとお迎えに来ないよ」「わがままを言っちゃいけないよ」「ちゃんと先生の言うことを聞くんだよ」「言うことを聞かないと連れて行ってあげないよ」というような成育過程での経験が、それを二重に三重に補強する。彼らは次第に〈わがまま〉と主観的に感じてしまうもの言いに、慎重になっていくのである。そして最後には、その気持ちを抑圧して黙り込む。入所施設内においてお風呂の準備は、着替えを出したり、服をたたんだりして、積極的、主体的に職員のお手伝いをすることなのである。これはもう〈良い子〉の証明である。

皆さんには「おふろのじゅんびする〜」という言葉は、由貴子さんにとって究極の〈良い子〉表現だということがもうわかりますよね。

さて、彼女のこころの中に（キャンプから帰りたくない）（ジュースを買いたい）（学園は嫌いだ）といった悪い子、わがままな子の気持ちが湧き起こります。するとそれを打ち消すように、彼女のこころには瞬時に〈良い子〉のイメージが湧き上がり（私は悪い子なんかじゃない、絶対良い子ですよ。わがままな気持ちなんか持っちゃいけない）ということになり、彼女の口からは「おふろのじゅんびする〜」の言葉が発せられるのです。半分はオートマティックな発語ですよね、きっと。彼女の本当の気持ちは

「おふろのじゅんびする〜」という言葉の陰に隠れてしまい、何十年間も周りの人間に伝わることなく、こころの底に沈殿していたのです。

職員集団は、彼女が「おふろのじゅんびする〜」と言い出すたびに、そのこころの奥にある「わがままを言いたい気持ち」「言ってしまったら嫌われてしまうに違いない気持ち」を推測しては否定的な感情の言語化をしていきます。由貴子さんは、その言語化を受けて〈否定的な感情を感じてもいい〉ことや、それを〈表現してもいい〉ことを、安心感とともに学習していきました。そして二年も経った頃でしょうか、彼女の口からはもう「おふろのじゅんびする〜」は全く発せられることがなくなったのです。由貴子さんは次第に本当の気持ちを、そのまま素直に表現する術を身につけていきました。

寂しい時彼女は「おとうちゃ〜、おかあちゃ〜」と言います。こころがざわついて落ち着かない時には「ふあんていになっちゃった〜」、帰省したい夜にはもちろん「おうちかえる〜」です。そして食べたい物は、自由自在に「つけもの〜、りんごジュース〜、プリン〜、……」という言葉が、とめどもなく溢れ出ます。

こうして彼女が自分の気持ちそのままを、感じたまま表現できるようになった時「おふろのじゅんびする〜」は死語となりました。なぜなら彼女にはもう無理して〈良い子〉を演じる必要がなくなったからです。否定的な感情を表現することで、彼女が心配していた職員やお父さん、お母さんに（嫌われるかも知れない）（怒られるかも知れない）というような状況が生じなかったからです。今迄の全てが、彼女の取り越し苦労だったのです。

〈寂しい時に、寂しいと言う〉こと、〈お家に帰りたいと言う〉こと、〈お父さん、お母さんに会いたいと言う〉こと、それはわがままなことでしょうか？　それを言うことは悪い子でしょうか？　それを表現しないで〈良い子〉を演じ続けることは、はたして幸福へ通じる道でしょうか？　彼女の「おふろのじゅんびする～」という言葉は、そのことを僕たちに突き付けます。

今年度になって彼女は、運動会や秋まつり大会への参加を拒否し、居室で父母と一緒に過ごしました。もともと火と大きな音が大嫌いな彼女にとって、運動会は聖火に花火、スタートの鉄砲に、風船割り……と、大嫌いなもののオンパレードです。秋まつり大会では、グラウンドの真ん中に焼き芋のための大きな焚き火があります。それは、ライターの火でも怖い彼女にとって、とても耐えられないほどの火の大きさなのです。

彼女は近頃、私の所へ来て、こうのたまいます。

「えんちょうせんせい、ぶらじゃーする～」さすがの名探偵も、これにはタジタジです。

この答えは「わたし、みんなと違っても良い？」なんです。

僕は「みんなと違っても良いんだよ。君は君の人生じゃないか。運動会も秋まつり大会も、出なくても全然変じゃない」と応えます。

名探偵コナンへの道　ジャンプ編

「このカニ、なんメートル？」

美香さんが独特のイントネーションで、新聞の折り込み広告を手に職員室に訪ねて来る。お中元の宣伝なのだろう、産地直送という文字の下にカニ、エビ、アジ、イカ……と海産物が所狭しと並んでいる。

「このカニ、なんメートルにすんどる？」

彼女の質問は、こちらの知識レベルとは関係なしに、いつも鋭い。伸ばした人差し指で、強くカニの写真をポンポンと何回も指差して、語気鋭く問いただす。もう七、八年前の夏のことである。

この質問の正解を瞬間的に引き出すことには、かなりの困難が伴う。なぜなら、まず第一に〈カニが水深何メートルの所に住んでいようが、そんなことおれには関係ねえだろう〉であるし、次には〈このカニだって、生きていた時には動き回って生活していたのだろうから、いつも決まった水深の所にいるわけではない〉だろう。またその生活圏の水深は、例えば百メートルから二百メートルの間であるとわかっても、その答えが美香さんを満足させるような正解のようにはとても思えないからである。彼女は自閉症である。したがって思考回路はデジタルだ。アナログでファジーな回路の返答は許されない。デジタル思考回路で発せられた質問には、デジタルレスポンス（応答）で即座に答える。

「二百メートル！」

さてこれで、問題は解決したか？　イヤイヤ彼女は次の質問を畳み掛ける。

「二百メートル、海、ふかい？」

この質問にも正解がないですよね。海って、何メートルまでが浅くて、何メートルからが深いんでしょうか？　そんなことは、誰にもわからないし、美香さんにだってわからない。第一、百メートルだの二百メートルだの、と喋っている美香さんには数の概念が乏しい。ここでもデジタルレスポンス（応答）、即座に答える。

「ふかい！」

ところが、彼女の質問は果てしがない。

「このエビ、なんメートル？」「ふかい？　あさい？」「アジ、なんメートル？」「ふかい？　あさい？」

……。ひとしきり質問を終えると、やっと彼女は帰って行く。〈いったい今のは何だったんだろう？〉頭の片隅に軽い徒労感を覚えながら、パソコンのキーを叩き始めると、また彼女の登場だ。いなくなってから、まだ五分も経っていない。

「このカニ、なんメートル？」「二百メートル、ふかい？　あさい？」……再び同じ質問が繰り返される。

さて、ここで宮下智著【お心主義辞典】の登場である。

そこにはこう書かれている『繰り返される行動の裏には必ず本当の気持ちが隠されている』と。謎はさらに深まることになる。ひとしきり質問したその後にまた彼女はやって来て「キャンプ場までトンネルいくつある？」と聞いてきた。

僕たちにとっての正解は「行ってみなきゃわからない」となるのだが、彼女にとっての正解はおそらくそうじゃない。適当に「ふたつ！」と元気良く即答すると、すぐ質問が戻ってくる。「そのトンネルなんメートル？」やけくそで「百二十五メートル！」と答える。するとまただ。「百二十五メートル、ながい？　みじかい？」さらに「でんき　つく？」「くらい？」普通ならこの辺でムラムラとこころの底から怒りがこみ上げてきて〈勝手にしろ！〉とこころが叫び出す。しかし、名探偵コナンになりたければ、ここで冷静にならなければならないのである。さあ、謎解きパズルの始まりだ。

彼女にとっては、カニの住んでいる所が水深何メートルであろうが、トンネルがいくつあって何メートルの長さなのかは、おそらく切実な問題ではない。僕が二百メートルと答えようが、百二十五メートルと答えようが、質問は澱みなく進み「深いか浅いか、長いか短いか」へ、行き着くからである。しかし、「深いか浅いか、長いか短いか」の絶対評価も彼女にとってはどうも切実ではないらしいのだ。なぜなら、返答者の気分の違いで「深い」から「浅い」にぶれたとしても彼女からの反論は全くないからである。

つまり話の中核は海やトンネルにあり、水深や全長は枝葉末節《しようまっせつ》なのである。とすれば「海・トンネル」という二つの中核は、ほぼ同じであることに気づく。共通点は海もトンネルも「深い」あるいは「長い」、そして「暗い」このヒントからは、おそらく「キャンプ場」だろうということになる。八月下旬に予定されているキャンプを一ヶ月後に控えて、美香さんにはたくさんの希望があるに違いない。来るべき行事のことを隅々まで決めておかないと不安が高じる彼女である。今回のキャンプ計画はどこまで進んでいるのだろう?

宮下：「美香さん、キャンプで何をしようか？」
美香：「はなびだなあ」
宮下：「花火、楽しいよねえ。他に何をしたい？」
美香：「コーヒーもってく？」
宮下：「インスタントのカップコーヒーを持っていくよ」

僕は彼女と話しながら、一つひとつメモを取っていく。決まったことは紙に書いて渡されると、安心が高まる美香さんである。このメモ紙は、僕から計画担当者へ渡されて、キャンプ参加者のニーズ把握へとつながっていく。

宮下：「ごはん何作るの？」
美香：「アサリのさかむしだなあ」
宮下：「え！　カレーじゃないの？」
美香：「アサリのさかむしだなあ」
宮下：「美香さん、そのことクラスの職員に伝えてある？」

美香：「まだだなあ、アサリのさかむし、つくれる？」

ここに彼女の葛藤がある。

『キャンプといえばカレーでしょ』ある自閉症の方が言った名台詞がある。それほど、キャンプといえばカレーであり、焼き肉なのである。『キャンプといえばアサリの酒蒸し』は、百パーセントないのである。美香さんもそれを経験的によく知っている。〈アサリの酒蒸し〉を食べたいと言ったら職員からはどんな答えが返るだろう？「夏の暑い時に、貝なんて持っていくと危ないよ、腐って下痢をしちゃうよ」「カレーや焼き肉を作るんだから、そんなにたくさんの物は作れないよ」「カレーや焼き肉にはアサリの酒蒸しは合わないでしょ」ということになり、諸手を挙げて賛成なんていう職員はいそうもない。

ここに彼女の苦しみがある。職員に拒否されるだろうと思われる要望を言い出せないのである。なぜなら、言って拒否されるよりも言わないで我慢した方が、人間は傷つかないからだ。僕は彼女に「クラスの職員にお願いしてきてごらん、きっと、いいよって言ってくれるよ。今からすぐ行っておいで」と言って（アサリのさかむしをつくりたいです）と書いたメモを持たせ、クラスの職員には、彼女のお願いを快諾するように、連絡をつけておいた。しばらくして戻ってきた彼女は「アサリのさかむしつくるなあ」とボソボソと伝えてくれた。これで「このカニ、なんメートル？」はピタッと止まったのだった。

古い方はご存知でしょうか？　野坂昭如の往年のヒット曲、『黒の舟唄』の一節を。

♪　男と女のあいだには　深くて暗い河がある　誰も渡れぬ河なれど　エンヤコラ今夜も舟を出す　♪

美香さんにとっての「深い海と長いトンネル」は、あなたとわたしの間にあるコミュニケーションの深い溝のことだったんですね、きっと……。

そういえば、ここ何年も彼女と「カニとトンネル」の話しをしていません。深くて、暗い川を渡れたかも知れない二人です。

わかってもらえるまであきらめないぞ　前編

二〇〇三年九月、祐太さんがシャツを着なくなってから、もう二週間の時間が流れようとしていた。約束した外出の話や、予定した父母面会の話をし、カレンダーにそれを示すシールを貼った。話しかける職員に笑顔を返す祐太さんが、すぐにでもシャツを着てくれるのではないかと職員は期待した。祐太さんには発語がない。発語をコミュニケーションの手段として持たない彼は〈シャツを着ないことで何かを伝えようとしているのだ〉ということを職員集団は痛いほどわかっていた。ましてや、原因不明の理由で歩行での移動手段を絶たれ、車椅子生活である。職員に想いの丈を伝える手段はそう多くはないはずだ。がしかし……答えはまだ霧の中だった。

祐太さんが入所した十二年前、彼の意思は、自傷と他害、器物破損によって周りに伝達された。(散歩に出たい)と、ドアを踵で蹴破った。(オムツが濡れた)と、床にニー・ドロップをかまし、膝の骨にひびが入った。(マイクロバスに乗りたい)と、舗装道路に頭突きをして、頭が二回りも大きく腫れ上がった。(小さい子が可愛がられる)ことが我慢できずに、その子の髪の毛を何十本も一度に引きちぎった。(好きなメニューをおかわりしたい)と食器を宙に投げ、手首を噛んだ。彼の手首はいつも薄皮一枚で、すぐに出血した。

それから十二年、自傷も他害も器物破損も……今の彼には殆ど縁がない。手首を保護していたオーダーメイドのプラスチック・プロテクターも、頭部を保護していた金属製のヘルメットも、当の昔に捨てられている。周りから受ける無理解と、それに対する怒りの中で暮らしてきた彼は、今は理解と安心の中で暮らしている。服用していた向精神薬も今はない。

嫉妬で怒り続け、扉を蹴り続ける祐太さんに「〇〇さんが散歩に出たのがうらやましかったよね。ちゃんと説明しなくて、悪かったね。置いていかれたんじゃないよ。次は祐太さんの番だからね」と、相談と情報提供の姿勢が乏しかった状況を謝罪しながら、その身体を止めた。

小さな子の髪の毛を握りしめて、離そうとしない彼に「妹や弟はお父さんやお母さんと一緒に暮らしていて、祐太さんだけが施設で暮らしているんだよね。寂しいよね。こうしている今も、妹や弟がお母さんに可愛がられているって考えると、イライラするよね。僕のこと、本当に好きなのかなって心配になるよね。でもここではみんな祐太さんのことが大好きだよ。お父さんやお母さんだって、嫌いで君のことを施設に預けたんじゃないよ」と話しかけながら、離そうとしない彼の指を一本一本ほぐしながら開いていった。

五年程経ったある日、彼は手首のプロテクターも頭部のヘッドギアもオムツも身につけるのを拒否し始めた。そんな彼に「僕たちはまだまだ自傷も、オシッコの失敗も心配なんだけれど、祐太さんはもう大丈夫、プロテクターやオムツなしで頑張ってみたいと思っているんだね。もう、赤ちゃんじゃないいんだ。君がそう思っているんだったら、お兄さんになろうとする姿を、僕たちは応援させてもらうね」と、彼の希望通り全てをはずした。オシッコの失敗は時折見られたが、自傷の回数は激減した。

僕たちは、自傷の跡がないのを毎晩確認して、立派なお兄さんになろうとする彼の頑張りを、褒め続けた。

彼が僕たちに教えたことは、数え上げれば限りがないほどたくさんになるだろうと思う。その一つに〈人にはそれぞれの頑張り方があり、その頑張る姿をお互いに見つけ出し、認めあうこと〉がある。それこそが、生きる意欲を引き出し、よりよく生きようとするエネルギーになるのだという原則である。

季節は秋に向かっている……。日に日に気温が下がってきているにも拘らず、服を着ようとしない祐太さんの姿があり、そこに彼の伝えようとする決心が見て取れる。しかし、何も解決できないまま、瞬く間に一週間が過ぎた頃に、全職員が集まる職員会が開かれて彼はその席に呼ばれた。クラス職員全員参加の抱っこ法セッションである。

職員たちの見守るその真ん中で、彼はゆったりと膝枕され、担当とのやりとりが始まる。

「今日はありがとう。今日ここに来てもらったのは、祐太さんの伝えたいことを聞きたいからだよ。祐太さん、ずっとシャツ着ていないよね。大事なことを伝えたいのではないかなって思うんだけど、それがなんだかちっともわからないんだ。いろいろ考えてみたんだけど見つからないんだ。それで今日は、こうしてみんなが揃っているところで、祐太さんとお話ができればいいなって思っているんだ」

彼は周りにいる職員の顔を見渡す。が、表情は動かない。

「祐太さんの話したいことは、学園のことかな？　お家のことかな？　職員のことかなあ？　お父さんやお母さんのことかな？」ゆっくりと注意深く尋ねながら、全身全霊で彼の身体の動きや表情の変化に集中する。もう一度……。

「お母さんのこと？」〈……〉「お父さんのこと？」〈……〉（いったい何が言いたいのだろう？）「お家のこと？」この時、握りしめている手に少し力が入った。そして「学園の職員のこと？」と話しかけると、伸ばしていた足の先にグッと力が入る。彼の話したいことは、お家のことと学園の職員のこと、でもそれはいったい何だろう？　彼は、（わかって欲しい）というように、こちらを見つめている。もしや！……。

「祐太さん、この夏には三日間しかお家に帰れなかったんだよね。みんなと同じように二週間帰りたかったのに、お父さんやお母さんの仕事の都合で、短くなったんだよね。それでも祐太さんは怒ることもなく、職員に迷惑をかけることもなく頑張ってくれたんだよね。とてもとても寂しかったのにね。職員たちから励ましてもらったり、褒めてもらったりして、それで頑張ることができたんだよね。よく頑張れたって、さすが祐太さんって、僕たちもとても嬉しかったんだよ」彼の口が（そうなんだ、それを言いたかったんだよ）とでも言うように、閉じたり開いたりしている。

「でも二週間の帰省が終わって、みんなが帰ってきて今迄通りの生活が始まったら、職員は祐太さんの寂しかったことや頑張ったことをすっかり忘れてしまって、帰省してきた人たちとお家での楽しい話ばかりしていたんだよね」

祐太さんは（そうだ）とでも言うように「ウーッ」と唸った。

「忘れて欲しくないんだよね。祐太さんの頑張り。誰だってそうだよね。頑張っているのをわかってくれる人、見守ってくれる人がそばにいるから、だから頑張れるんだよね。せっかく頑張っても、みんなに忘れられるんだったら、本当にやってられないよね」

「今日は、ここに星組の職員全員がいるから、祐太さんの頑張りをすっかり忘れてしまっていたことを謝ってもらって、これからは絶対に忘れないと約束してもらおうね」

職員それぞれの精一杯の謝罪と約束が始まった。そしてそれが全員に一回りする頃、彼は横たえていた身体を起こし、いつもは閉じられがちの目をグッと見開き（わかってくれてありがとう）とでも言うように、一人ひとりの職員を見渡した。

祐太さんは、職員全員に抱えていた気持ちが伝わって、三週間ぶりにシャツを着た。そして僕たちには、本当の気持ちが伝わるまで絶対にシャツを着ようとしなかった彼の意思の強さが刻印された。

わかってもらえるまであきらめないぞ　中編

祐太さんが（ねえみんな、僕の頑張っていること、わかっていてくれる？）と服を脱ぎ続けることで、夏の帰省期間が他のメンバーさん方よりも短かったことの寂しさと、それをこらえて自傷もせずに乗り越えてきた姿を、わかっていて欲しいことが伝わってから四ヶ月が経った二〇〇四年一月、彼はまたしても服を着なくなった。

僕たちは今、『服脱ぎ』を初めとした様々な彼らの行動（不眠であろうが、発熱であろうが）全てが、何かを僕たちに伝えようとしている姿だと理解もし、確信しているので、こんな祐太さんの『服脱ぎ』行動も「今度は祐太さん、何を伝えようとしているのだろう？」「なかなかやるじゃん、やっぱり彼は挫けない人だね」「去年の夏の『服脱ぎ』事件の時、これからは何でも伝えていいよって言っちゃったものね。その通りやるところが本当にすごいよね」なんて言いながら、これから入り込むだろう解決のための迷路に、期待と不安を抱きながら意気揚々だったのだ。

夏の時と同じように、帰省期間の短かった彼に「寂しかったよね、もっと家にいたかったよね。他のメンバーさんたちはもっと長く帰っているものね。でも祐太さんの頑張りはみんな知っているよ。お父さんやお母さんの仕事が忙しいのを知っていて、自分のわがままや甘えで迷惑をかけてはいけないと思っているんだよね。祐太さんはとても優しい人なんだよね、僕たちはいつもそんな祐太さんのことを応援しているよ」と語りかけた。

祐太さんは、僕たちの方をしっかりと見つめ、真剣に話を聞いている。僕たちの話は明らかに彼のこころに届いている風だった。出勤してくる職員全員が、入れ替わり立ち代わり彼に話しかけると、満足そうな表情を浮かべる彼だった。しかし彼は、夏の時のように服を着ることはなかったのである。


ここまでにわかったことは、発信の手段として「服を脱ぐ」という同じ行動が使われているにしても、伝えようとしている内容（僕たちはそれを幸福のかたちと呼んでいる）は、時々刻々と変わっていくということである。人間は（たとえそれが重篤な知的障がいを抱える人であっても）常に進化を続ける存在であることを、僕たちはしばしば忘れる。彼の求める幸福のかたちは、九月の時点には止まっていていないのである。短期間の帰省、それが寂しい、その寂しさをこらえて頑張っている自分をわかっていて欲しい、認めて欲しい、褒めて欲しい、そんなところに彼の要求はなかったのだ。（まさかこんなことは考えていないだろうな？）というところから答えを引き出さなくてはならない状況下、脱ぎ続ける彼を前に僕たちは困り果てた。

「誕生日いつだったっけ？」と誰かが言い、急いで誕生会名簿をめくった。

「祐太さんの誕生日は、一月です。一月十日です」

「え！　ホントかよ。一月なの？　もう過ぎちゃっているじゃない。まさか誕生日パーティーやれって言うんじゃないよね。第一、自分の誕生日がいつだか祐太さんがわかっているとは思えないし……」

僕たちはいくつかの実践を通じて、彼らにとって誕生日パーティーがいかに大切なことであるのか知っている。彼らの誕生日パーティーへの要求は「ケーキとローソク、誕生日プレゼント。さらにはハッピーバースデイの歌と、家庭への電話」となる。この電話では母親から「おめでとう」の言葉が届く。口の悪い人は「彼らが誕生日パーティーを要求するのはケーキが食べたいからであり、プレゼントが欲しいからだ」と言うだろう。つまり食欲と物欲が彼らを支配しているというわけだ。でも僕はそう思わない。誕生日パーティーは誕生日を覚えていなければ祝いようがない。プレゼントだって、その方の好きなことをちゃんと知っていなければ、買い揃えることもできない。つまり、その方にきちんと自分のこころが向かっていなければ、できないのが誕生日パーティーなのである。さらに、誕生日パーティーは〈生まれて来て良かった〉ことを伝える、又とない機会になっているはずだ。

幼い頃に、足元でよく聞いた母親同士の会話は「本当にこの子が生まれてから大変で……」という言葉だった。いつも疲れている母の顔。病院、相談所を駆けずり回る母。何かといさかいが絶えない、父親と母親との関係。「すいません」と謝ってばかりいる母親の姿。聞かずとも聞こえてくる母親の愚痴、独り言……そしてため息。「私なんか生まれて来なければ良かったんだ」「私が生まれて来たばっかりにお母さんに苦労ばかりかけている」そんな気持ちで彼らのこころは満たされている。そんな心配や誤解を払拭するのが、誕生日パーティーなのだ。なぜなら、生まれてきたことを祝う日なのだから。

祐太さんの家庭に電話をかけ「今度の帰省の時に誕生日パーティーはありましたか?」と聞いてみた。

「今度の帰省はあまり祐太の相手はできなかったんですよ。かわいそうだったんですけど妹が成人式で、やれ着物だの、写真だのと忙しくて。誕生日を祝ってあげられませんでした」

この情報を得て、僕たちの支援は半信半疑ながらスタートをした。祐太さんに「今度の帰省の時に、お母さん、妹さんの成人式のことばっかりやっていて、祐太さんの誕生日のことすっかり忘れていたんだよね。同じ兄妹なのに、一人だけお祝いして一人はお祝いしないのは、変だよね。祐太さんも誕生日、きちんとお祝いして欲しかったよね」

なぜ重度の知的障がい者の祐太さんが、周囲の誰もが忘れていた自分の誕生日を知っていたのか、ということには大きな疑問を残したままだったが、とにかく祐太さんからは「YES」の反応が返ってきたので、次の支援を展開した。彼のクラスでは、担任と一緒に誕生日パーティーが開かれた。忙しく事を運んだのでケーキはショートケーキだった。プレゼントを次の外出時に一緒に買うことを約束し、それをカレンダーに写真で掲示した。家族とは次の面会で、ケーキを買いに行くことを約束し、同じようにカレンダーに写真を掲示した。しかしまだ彼は服を着ない。

「なんだよ。やっぱりショートケーキじゃ駄目なの?　きっと丸いデコレーションケーキなんだよな」

ということにたどり着いた結果、彼のためにデコレーションケーキが用意されて、職員が一緒にハッピーバースデイの歌をうたった。これで彼は服を着た。

祐太さんは「誕生日パーティーをやって欲しい」という願いがかなうまで、数週間服を着なかった。彼は途中で妥協したり、あきらめたりというようなことがない。それは重度の知的障がいと言われる彼らにも、きちんとした具体的な想いや要求があり、それを是非ともかなえたいといった主体的な考えがあるということを、僕たちに教えている。そして、その想いや要求は決して外側から与えられたものではなく、彼らの内側からふつふつと沸きあがってくるものなのである。

「誕生日パーティーには、丸いデコレーションケーキを買って、みんなにハッピーバースデイの歌をうたってもらいたい。そして誕生日プレゼントが欲しいなあ……」

これってわがままな要求ですか？　いまどきの家庭なら、こんなの当たり前ですよね。

こんな当たり前なことを、喋ることができないばっかりに、伝えられない人たちがいるんです。喋らないってことは、考えてないってことじゃないのです！

わかってもらえるまであきらめないぞ　後編

このところ僕たちは、メンバーさんたちの行動に圧倒され続けている。なぜなら、ちっとも彼らがあきらめてくれないからだ。

純子さんの『不眠』・祐太さんの『服脱ぎ』・美穂さんの『唾ぬり』・達也さんの『強迫的なカード渡し』……とエピソードはきりがないくらいあり、あげるのに苦労はいらない。よくもまあ、こう毎日毎日いろいろなことが起こるものだなあと感心するくらい、メンバーさん方からの何かを伝えようとする発信行動の嵐が渦巻いているのである。そしてさらに、この頃のメンバーさん方には、気持ちがきちんと伝わるまで、決してそれをあきらめない姿の変化が見られるのだ。純子さんも、祐太さんも、美穂さんも達也さんも、自分の気持ちがわかってもらえる最後までその発信行動を止めなかった。それは彼らが決して自分の気持ちに妥協しない姿なのである。

純子さんはおそらく偏食王である。僕たちはそれをよく知っているはずだった。なぜなら彼女は旅先などで出される宴会メニューに、全く手をつけないからである。誰もがみんな美味しそうに食べる刺身やてんぷら、茶碗蒸しを、彼女は断固拒否する。さらに宿泊が伴う時には一睡もしないで、一晩中布団の上に座り込んで身体を前後にゆすり続ける。こんな時彼女の中で、何かがうまくいっていないのは事実だった。しかし僕たちは、食べなかったり寝なかったりする原因を、ホテルの慣れない環境や刺激の多さから来る興奮や、多くの場合次の日に予定されている帰省に求めていた。しかし、それは何の解決にもならなかったのだ。彼女は日常的な施設の給食場面でも、生野菜や煮物などを中心に半分ほど残す。冷静に客観的に観察すれば確かに偏食ありなのだ。僕たちはそれを、彼女の発信行動であるとはなかなか受け止めきれなかった。この「残す」という行動の裏にある、伝えたい気持ちに配慮ができず、このくらい食べていれば健康、保健面でもさほど問題ではないだろうと、いかにも施設的な対応に流されていたのである。

結局僕たちは、彼女の偏食については知ってはいたが、それに伴う苦痛、努力、懇願については感じていなかったのである。知っていることと、感じていることとは違う。知ることは確かに大切なことなのだが、感じることはそれ以上に大切なことなのである。感じること〈共感〉なしには良質な支援は成立しない。彼女の不眠は、帰省時にひどくなった。「三泊帰って全く寝ない」なんてことがあって、とうとう母親が音を上げた。〈睡眠薬を使った方がいいのかしら？〉と、服薬が大嫌いな娘のことを知っているのに、そこまで考え込んでしまっている母親を前にして、僕たちも目が覚めた。支援はまず、想像と共感の一から出直しである。

偏食が超強い人にとっての食事は、一日三回の苦痛な時間だ。本来は楽しいはずの時間が我慢の時間になる。施設においての給食で、どこまで食事のメニューについて好き嫌いが言えるのだろう。しかも彼女はこの何十年もの間に、練習と習慣によりいろいろな食材を食べられるようになってきている。偏食を克服してきた純子さんには、今更食べられないとは言いにくいのだろうか？　食事は不味くても我慢して食べるもの？　おそらく彼女の偏食は生半可なものじゃないはずだ。だとすれば、食べているといっても苦痛と努力の賜物以外のなにものでもないだろう。

明星学園の運営方針のトップ、具体的な実践事項の一番初めに『イヤを受け止めて。何事もここから始まる』とある。僕たちの支援は、まずもって基本に戻るところからの再出発だった。

食事のオプションは、純子さんの大好物である「レトルトカレー」と「納豆」の二者択一から始めた。これは味も匂いも強いメニューであり、カレーや納豆が好きならば、他のメニューは、味も匂いも薄い、味気ないものに違いないと考えたのだ。彼女の選択はカレーが六で納豆が四、という形で順調なスタートを切った。

近づくクラス宿泊旅行では、新しいチャレンジとして、他の人たちはてんぷらや刺身などの宴会メニューだが、彼女だけはカレーライスを中心にした。その晩はホテルの好意で、豪華カレーライス膳が実現し、純子さんは完食してぐっすり眠った。ホテルで寝ることができたのは、これが初めてだった。

次の帰省時には外食でカレーライス、家で母親手作りのカレーライスと、三泊四日をカレーライスと納豆づくしで過ごした。そして睡眠時間が、奇跡的にも夜間八時間と人並みになり、不眠に対する今迄の苦労が嘘のようだった。僕たちは、このまま彼女がカレーと納豆で何年間も過ごし続けるとは思わない。大切なことは（私には嫌いなものがいっぱいあるの、今迄は何でも食べられるようにならなくっちゃいけないと思って、頑張ってきたの。でも、もういいよねえ。しばらくの間、好きな物をいっぱい食べさせて）と願っている彼女の存在を感じることである。そしてうまく伝えられないそのことを一生懸命伝えようとした、僕たちに対する彼女の信頼を裏切らないことである。

その頃、また祐太さんの『服脱ぎ』が始まっていた。しかし祐太さんの想いは深く、とても僕たちの力の及ばぬところにあった。二〇〇五年一月に冬の帰省があり、その帰園後から始まった『服脱ぎ』は、三月の初めになっても大きな進展がないまま、時間だけが経過していた。僕たちは、帰省・外出・面会などの様々な仮説を立て支援を組み立てたが、その効果は一過的なものに過ぎなかった。行き詰まった僕たちは、彼の本当の気持ちへのアプローチを、抱っこ法と筆談に求めた。その時に彼は、紙になんと〈ありがとう〉と書いたのだ。この言葉は、僕たちに大きな反省を強いたのだった。僕たちのそれまでの彼に対する支援はこうだ。

祐太さんは何かして欲しいと思っていることがある。食べたい物、行きたい所、職員への要求、親への要求……。その前提には、いつも何かなされていないものがあり、それを欲する祐太さんがいて、それを僕たちは支援するという構造である。それは〈あれをして欲しい、これをして欲しい〉とばかり思っているような、欲求のお化けを作り出すことになるのだが、僕たちの支援は気がつかないうちに、そちらに向かっていたようだ。

彼の〈ありがとう〉は、それとはまるで異なる反対方向へのベクトルを持つものだ。

生まれながらの奇形症候群からくる何年もの病院通いや手術、言葉を喋ることもかなわず、幼い頃から重篤なチック様症状に悩まされ続けた。意志とは裏腹に他人を傷つけ、自分を傷つけ、いよいよ思春期には下肢の運動障がいにも見舞われるという、踏んだり蹴ったりのこの人生を背景に、彼は〈ありがとう〉というのだ。僕たち職員集団は、この言葉に頭が下がった。彼の人生の努力に比べれば、自分たちの努力など恥ずかしいほどわずかなものだ。

行動障がいの出現は激減し、自傷や他害なども殆どなくなった今の姿は、確かに僕たちと彼の共同努力の賜物だろう。しかしながら僕たちは障がい者でもないし、障がい者の親でもない。根本的には障がい者の気持ちなどわからない所で暮らしているのだ。所詮、彼らの苦しみを頭の中で想像し、共感と称す気持ちの重ね合わせの上で仕事をしているだけの存在である。ところがそんな僕たちに彼は〈ありがとう〉というわけだ。

僕たちは、恥ずかしさいっぱいの中で彼の〈ありがとう〉を受け取り、最大限の想いを込めて〈こちらこそありがとう〉を贈り返した。

それで彼は、また服を着出した。

的欲求、承認欲求、得意料理であるので自己実現欲求、というように。

⑤そこで今度は、実際の支援場面で、自分が幸福と感じている場面に含まれている要素を実践している支援内容を記入様式に書き込んでいきましょう。

先ほどのオムライスであれば、定期的に料理教室を開催して、参加者全員で食べ、また他の部署の皆さんにも振る舞っている、なんていうのが実践内容になります。

また、その欲求の領域についても検討を加えていきましょう。マズローの図式を扱うのに慣れてきたら、シャーロックにおけるＱＯＬの８領域の図式を用いて考察するのも良いでしょう。

⑥知的障がいの方々の幸福を考える時、どうしてもその欲求レベルが、障がいが重ければ重いほど、生理的欲求や安全欲求の段階で止まりやすいことに注目する必要があります。知的障がいの方々にとっても、社会的欲求、承認欲求、そして自己実現欲求を目指しエンパワメントを高めていかなくてはいけません。それが幸福への道程なのですから。

⑦また、知的障がいの方々への支援を考える時に、同じように見えているものが自分たちの幸福といかにかけ離れているかに十分検討を加える必要があります。

例えば「旅行」。知的障がいの方だって同じように「旅行」に行っているよと表面的な出来事をなぞってみても彼らの「幸福になりたい」気持ちには近づけません。

本当に楽しい「旅行」は、行きたい時に、一緒に行きたい人と、行くことであり、一緒に行く人と何度も旅行の行程について相談を繰り返し、何を見るか、何を食べるのか、どのように移動するのか、電車に乗るのか、バスなのか、タクシーなのかを自己決定することの中にあるのですから。

そう考えれば、事業所の旅行がいかに自分たちの幸福のかたち、要素とかけ離れているかがわかるのです。

課題

2

私の幸せを考える

幸福の構造

目　的

今世の日本で、「夜中24時にビールが飲みたくなって、それを手に入れるためにコンビニまで車を走らせ購入して飲む」で幸福を感じる人は、夜中24時に「ビールが飲みたい」と訴える知的障がいの方に、何と答えるのだろうか？

どんなに障がいが重くても誰もが幸福になりたいと思っている存在であることを実感するためには、自分が幸福を感じる場面をできるだけ具体的に表現し、その幸福の有様からエッセンスを抽出して、知的障がいの方々の幸福を想像するしかない。

準備品

事前課題「幸福の構造」記入用紙
マズローの欲求5段階説におけるピラミッド図式
シャーロックにおけるＱＯＬの8領域の図式

方　法

全体進行役　1名、5～30名程度
※事前に記入した幸福の構造の記入様式を持ち寄ります。
①4～5名ずつのグループになります。老若男女混合が良い。
②事前課題の記入様式に沿って、自分の幸福を発表していきます。具体性に欠ける内容のものは、質問等により、その場で具体的な状況を追加します。
③1名2項目程度の発表が終わったら、進行役は、マズローの欲求5段階説のピラミッド図式を示し、簡単な解説を加えます。
④再び、自分の幸福を発表していきますが、今度はその幸福がマズローの5段階のどの領域に係わるものであるのかを考察し続けて発表します。幸福は、一領域だけに留まらず、複数の領域にまたがることが多いと考えます。
　例えば、自分の得意料理のオムライスを家族に振る舞い、みんなが美味しいと言ってくれる時、というような幸福であれば、食べることであるので生理的欲求、家族みんなで食べているので安全欲求、美味しいと言ってくれているので、社会

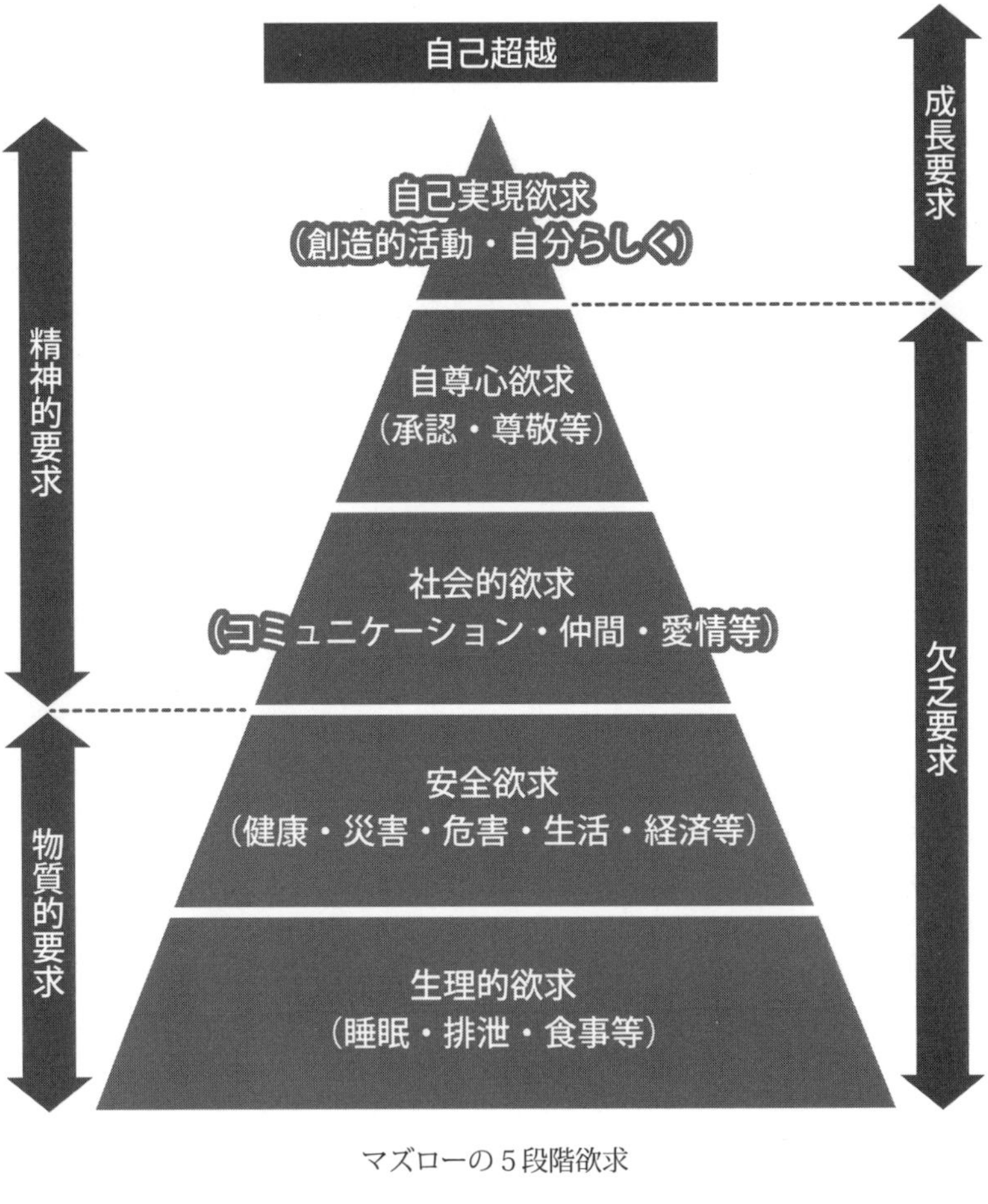
自己超越
成長要求
自己実現欲求
（創造的活動・自分らしく）
精神的要求
自尊心欲求
（承認・尊敬等）
社会的欲求
（コミュニケーション・仲間・愛情等）
欠乏要求
安全欲求
（健康・災害・危害・生活・経済等）
物質的要求
生理的欲求
（睡眠・排泄・食事等）

マズローの５段階欲求

シャーロックにおけるＱＯＬの８領域

第3章

伝わることってうれしい

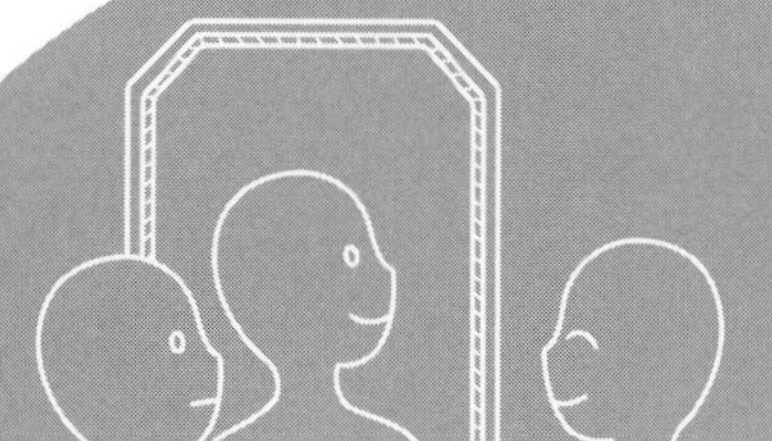

【お心主義辞典】

僕たちは、明星学園で生活している人たちの、本当の気持ちを解くためのバイブル【お心主義辞典】なるものを持っている。そこにはこう書かれている。

【急に高熱が出る】

身体が動かない方、発語を持たない方の怒りの表現である。

【玄関にいる】

お母さんは、私のこと好きかしら、嫌いかしらと、頭の中が堂々巡りである。

【自傷する】

自分は悪い子だ、迷惑をかけている人間だ、自分のせいだ、というような否定的な感情表現である。

【下痢がある】

怒られて怖かった。あるいは、何か怒られるような気がする。

【しゃっくりをする】

胸につかえていることがある。言いたいことが言えない。

【紐を持っている】

母とのつながりが不安である。

【水洗に水を流している。流しの水を流している】

過去のイヤなことを忘れようとして（ないものにしようとして）、水に流している姿。

【親指の皮を剥いている】

お父さんに伝えたいことがある。

さて、世の中の、どれだけの人が、これを信じてくれるだろう。世の多くの人たちがこれを信じようとしなくても、明星学園においてはこれら全部が、この二十年間に彼らから教えられた、疑いもない真実だ。【お心主義辞典】のインデックス一つひとつが、彼らの「本当の気持ちに出会う」ための、ジグソーパズルの切片なのだ。僕たちは、まず常識を捨てる。今迄の常識は、彼らを仲間に入れて作った常識ではないので、彼らを仲間に入れて常識「行動全てが、何かを伝えようとしている発信であること」が必ずわかる。

道子さんの言動を読み解くのに【お心主義辞典】を活用すれば、支援の風景はこうなる。

「明日からスカートをはこう、足が動かなくたって手が動かなくたって、おしゃれなスカートをはいていいんだよ。職員みんなで応援するよ」。そんな職員の励ましに「じてんしゃ……」と答えた道子さんに向けて、職員はこんな励ましのエールを送ることができる「じてんしゃ……そうだよね。明日から自分の力で、進んで行くんだよね。そうさ、自分らしくね。お母さんの人生はお母さんの人生、道子さんの人生は道子さんだけの人生だものね」それは彼女にとって、自転車が自立のイメージだからだ。ちょっと考えてみれば、それは納得できるイメージとして僕たちのこころの中にも広げることができる。親子で自転車に乗るための練習をする時は、初めお父さんが後ろから自転車を支えている。一生懸命に漕ぎ続ける子どもが、お父さんがずっと支えてくれていると思って振り返ったら、その手はもう自転車から離れていた。支えてもらって漕いでいたと思っていた自転車を、気がついたら自分一人で漕いでいた。これが自転車のイメージなのだ。そしてさらに、自転車が倒れないで進むためには、自分で一生懸命漕ぎ続けることしか方法がないのだ。

英単語の意味がわからない時に、英和辞典を引くように、彼らにもそれぞれに異なる「その人語辞典」があれば、彼らの本当の気持ちにたどり着くのは、それほどのいばらの道ではありません。

綾乃さんが泣いた

頑固で意地っ張りの、あの綾乃さんが泣いた。ボロボロ涙をこぼして（お母さんが恋しい）と泣いた。これは、僕たちが見る初めての彼女の涙だった。そしてこの日から彼女の生活は一変した。

僕たちが綾乃さんと知り合った三年前、彼女を施設に置いて帰宅するお母さんと別れたその後、必ず玄関の下駄箱の前に陣取り、下駄箱にある靴の紐を手当たり次第に解き続けた。しっかり結んである靴紐を次々と解いていく彼女の姿は、固く結ばれていなくてはならないはずの母親との関係が、彼女の願いとは裏腹にいとも簡単に解かれてしまうこの現実を、一生懸命受け入れようとしているかのように見えた。彼女はこの作業を無言で行い、納得するといつのまにか玄関から消えた。

そんなある日、僕たちは母親との別れ際に玄関口に座っている彼女を、後ろから抱え込み「お母さん、綾ちゃんのこと大好きですよねえ。綾ちゃんのこと嫌いで学園に置いていくんじゃないですよねえ。次の帰省の約束もきちんとできているし、さあしっかりここでお母さんとお別れしよう」と、一人で靴紐を解くことで我慢していただろう別れの悲しさや辛さを、ちょっぴり分けてください、というメッセージを込めながら抱き続けた。

三十分くらい経った時だろうか、綾乃さんは（もういい）というかのように職員の手を払いのけると、靴の紐には一つも触れず玄関を後にした。

その頃の彼女は、必ず枕もとにマグカップを二つ並べて床についた。僕たちはそれを『二の法則』と呼んで、並べられたカップの一つが綾乃さんで、もう一つがお母さんであろうことを推測し、彼女の要求通りマグカップを用意し続けた。

昼間、彼女は強迫的に折り紙を切り続けた。握力が弱い彼女は、昔ながらの裁縫バサミを片手に「チョキチョキ」と紙を切ることを要求し、紙が途切れると自分の髪の毛を切った。日中ずっと紙を切り続け、食事の時間に途切れるだけで、この行動は時には深夜にまで及んだ。切る折り紙の色は〈赤〉だけだった。僕たちはこれを『赤の時代』と呼んで、受け止め続けた。

カップも折り紙も、洋服も食事のふりかけも、彼女は言い出したら一歩も引かずに、手に入るまで、思い通りになるまで要求をし続けた。行事と保護者の来園とがイメージ上でつながっているのだろうか？洋服は、行事用のジャージの上衣を要求する。寂しい時には決まって、そのオレンジ色のジャージを「ジャンパー」と甲高い声で要求し、いつまでも着続けた。また食事のふりかけは「パッパパッ」と言う。家庭から持参した桃の缶詰の空き缶にふりかけを入れ、お湯をたし、お茶のようにして飲んだ。

どの行動も、家庭や母親とは切っても切れない関係にあるように思えた。

「チョキチョキ」の秘密を解く鍵は、「お父さんさんたらねえ、綾ちゃんがいっくら呼んでも、盆栽に夢中だと返事もしてあげないんですよ」という母親の言葉からだった。

僕たちは（アッ！　これが綾乃さんのチョキチョキだ！）と、咄嗟にひらめいた。綾乃さんは来る日も来る日も、自分の声が届かない父親に想いを馳せながら、父親が盆栽をチョキチョキするように、自分もチョキチョキ折り紙を刻んでいたのだ。

この三年の間に、お母さんから綾乃さんへ、また職員から綾乃さんへ、「あなたは、あなたが決めた通りに生きていきましょう。僕たちはそのための支援なら、労を惜しまない。ここは施設だけれど、綾乃さんがお家でしたいなと思っているのと、同じ暮らしをここで創ってみようよ。チョキチョキだって、ジャンパーだって、パッパッパッパッだって全然変じゃない。このままの綾乃さんが大好きだよ」と、たくさんのポジィティブメッセージが届けられた。

ある日綾乃さんは、朝から「ポッポにのって、ポッポにのって」と、お父さんとお母さんが車で迎えに来て、早く帰省したいことを職員に伝え続けていた。言葉を重ねるごとに目が潤み、泣き顔になった。昼休みに、会議を終えた担任が「そうだよねえ、ポッポに乗って、お家に帰りたいんだよねえ」と言葉をかけた途端、彼女の涙はもう止まらなくなった。

綾乃さんは三十六年間の人生で、生まれて初めて泣いた。

その日を境にして、彼女の生活は一変した。チョキチョキを全くしないし、コップもパッパッパもなくなった。偏食が少なくなり、食欲が増した。そして、職員と積極的な係わりを持とうとするようになるなど、何から何までが彼女の新しい旅立ちだった。

なぜそうなったのかを知りたかった僕たちは、家庭に電話し「何か前回の帰省の時に変わったことありませんでしたか?」と聞いてみた。電話に出た母親からは「綾ちゃんをお風呂に入れる時に、お父さんが初めて一緒に連れて行ってくれたんですよ」というのだ。

チョキチョキばかりだったお父さんが、綾乃さんのためにお母さんを助けてくれた日、それが綾乃さんの旅立ちの日だった。

たった一つの自己選択でさえも、人生を変える時がある

もし僕たちが、僕たちの人生をいとおしいものと感じているとするのなら、それはここまで歩いて来た自分の人生を、紛れもなく自分が選び取ったものだ、と感じているからに違いない。そしてこのことは、最も重い知的障がいがあるといわれている方々にとっても変わらない真実であると、今思う。

直樹さんはその日、担任と外出をした。いつものようにディスカウントスーパーへ出かけ、ここ数年来続いているスタイル通りに、お菓子売り場に寄ってスナック類を、インスタントラーメン売り場に直行していくつかのカップラーメンを矢継ぎ早にカゴに入れて、次にジュースを選び取ると真っ直ぐにレジに向かった。いつもと変わらぬ外出風景である。

しかし、帰園してからがいつもと違ったのだ。弄便と着替えが止まらないし、断続眠、不眠が続いたのだ。原因は明らかに外出時の買い物にあると考えられたが、特に有効な手が打てないままに一晩が過ぎ、そして一週間が過ぎていった。数日後、彼は買ってきたカップラーメンを食べた。しかし、好きなはずのラーメンの半分以上を残し、残飯入れに捨てた。おやつを選んでもらおうと「かっぱえびせん」「ポテトチップス」「おせんべい」を並べたが、どう並べ換えても、真ん中に置かれたものしか選択しなかった。それは選ぶということがわからないというよりも、選ぶ気がないように見えた。ここまできて僕た

ちは「直樹さんの選んできたスナック類やカップラーメン、ジュースは本当に彼が好きな物だったのだろうか？」ということに気がついた。僕たちの選択場面設定は、一から出直しだった。

スーパーに入る。今にもスナック売り場へ移動しようとする直樹さんと、身体で張り合いながらその動きを止める。「直樹さん、今日は本当に君の好きな物を、食べたい物を買おうよ。これからグルッとお店の中を回るよ、それから買いたい物を決めるんだよ」「ここがお惣菜売り場、コロッケでしょ、とんかつでしょ……」「ここがおまんじゅう、カステラ……」彼はまんじゅうをつかんだ。直樹さんのおやつ選び三点は「かっぱえびせん」「おせんべい」「おまんじゅう」に組み替えられた。その後彼は、次第におまんじゅうを選択するようになっていく。買い置きのおまんじゅうがなくなってしまった時、彼は断続眠でそのことを職員集団に伝えた。次の買い物時には初めてトマトを選択し、美味しそうにかじりついた。それに並行して彼には、様々な驚くべき変化が起こったのだ。まず睡眠時間が安定した。少々のイレギュラーな出来事には反応しなくなり、些細な嫉妬反応も激減した。そして、自ら職員に寄って行って、話しかけることが増えていった。たった一つの自己選択が彼の人生を変えていっているのだ。僕たちは、たった一つの些細に思えるような自己選択が、その人の人生を変えていくのを見るのが、直樹さんで三度目だ。

これは五年も前のことだが、初めは沙織さんの「赤いコップにお茶」と「青いお碗に味噌汁」の選択だった。殆ど目の見えない沙織さんは、食い入るようにそのコップとお碗を見比べて、飲みたい方に手を差し出した。それができるようになった日から、沙織さんの生活は一変した。〈お風呂イヤ〉〈寝るのイヤ〉〈食事もイヤ〉〈排泄もイヤ〉イヤイヤづくしだった彼女の生活は、見事にひっくり返ったのである。

次は二年前のこと、隆司さんのおやつ三択である。夕方の時間に職員室に出入りすることが多い隆司さんに、オプションのおやつを用意することになった。彼のために「かきのたね」「かっぱえびせん」「おせんべい」が用意された。隆司さんは圧倒的に「かきのたね」を選択することが多かったのだが、気がついたら、何十年と続いていた窓から外へ物を放り投げる行動が全くなくなっていたのである。ここでもたった一つの自己選択が隆司さんの人生を変えたのだった。

「まんじゅう」や「かきのたね」そして「お茶」か「味噌汁」か、どれも僕たちにとってはとるに足らないように思える自己選択だ。しかし、その自己選択が彼らの人生を確実に変えている。

〈言葉で選べるなら言葉〉〈言葉が駄目なら身振り手振り〉〈それでも駄目なら絵カード〉そして〈写真カード〉。〈それでも駄目なら実物〉〈指差せないのなら視線〉〈視線で難しいなら表情〉……で、彼らは選びたいと言っている。あらゆる場面で選べる状況を作ってくれと言っている。とにかくどんな方法でもいいから、自分の想いを確かめて欲しいのだ。そして、自分の人生を自分で選び取りたいのだ。

直樹さんや沙織さん、そして隆司さんが特別じゃない。彼らは、もの言えぬ重い知的障がいがあるみんなを代表して、そう言っているのだ。

そう、彼女は怒っていたのだ

　夜七時に、携帯電話が鳴り「由美さんが発熱です。三十八度五分の熱があります」と、学園の職員から連絡が入った。殆ど風邪を引くこともない由美さんの発熱に、職員の声も慌てている。「珍しいね、どうしたのかな？　他の症状は何かある？　咳とか、鼻水とか」前触れなしの発熱には二本立ての対応が必要だ。一つは医療的ケアで、例えば風邪による発熱なら総合感冒薬に解熱剤だ。しかし、重度の知的障がい者が対象の場合、さらに大切なのは、その発せられた身体症状が、何かの伝達だと捉えるこころのケアの立場である。

「咳も鼻水もありません。ただ顔が真っ赤です。食後突然顔が赤くなったので、おかしいと思って熱を測ったら、八度五分だったんです」

　由美さんとのやりとりは難しい。単純なイエス、ノーでさえも表情からはなかなか読み取れない。ましてや彼女の要求は尚更のこと「大きな声が出ている時には、オシッコが出たい時かな？」なんて言ったりして、僕たちは読み取れないでいる。

「体はぐったりしていませんか？」発熱の原因が重大な病変で、対応が手遅れになることを避けるために全身症状を確認する。

「どちらかというと活動的で、元気です。苦しそうというようなこともありません」

数日前に、彼女は指を口の奥まで突っ込んで強く噛んだのか、指の股の所に大きな傷ができて治療中だった。彼女は普段から指を口に入れて遊ぶので、傷口が濡れてなかなか完治しないのだ。その傷を守る意味でここ数日、彼女に事情を説明しながら、食事以外の時間は車椅子の手すりに縛らせてもらっていたのである。

「咳も鼻水もなくて、元気もある。不思議な熱ですねぇ。顔が赤いんですよね。怒っているのかな？」

由美さんの食事方法は、運動障がいのある左手を精一杯使っての手づかみである。使用する皿も工夫され、縁が高くなっていて、手に押された食べ物がこぼれないようになっている。彼女は見事にきれいに食べつくす。左手一本で本当にここまできれいになるの？　というような完璧さである。その姿を見て、人は〈スプーンの練習をしてみたら？〉とか、手づかみでしか食べられないのだったら〈介助してあげたら？〉と言うのかも知れない。しかし、食事時の彼女の満足そうな表情を知っている人なら、とてもそんなことは言い出せない。彼女の満足そうな表情は、いかに食事というものがそれぞれのペースや方法を大切にされ、たとえそれがマナーや通常の食事方法と離れていても、本人の喜びに通じているのかを教えている。

「夕食はどうでしたか？　食欲はありましたか？」夕食の直後に発熱があったというから、その周辺の情報収集である。「介助で完食しています」「介助したの？　確か食事だけは手を自由にさせて、好きなように食事をしてもらい、食事後に傷の治療をして、再び拘束させてもらうことだったはずじゃないですか？」

手を四六時中拘束すれば、確かに傷は早く治るだろう。しかし、誰だって拘束はイヤだ。だからといって、拘束をせずに彼女が手を口に入れないことを、守ってもらうことは難しい。全く拘束しなければ、唾液から傷口に様々な雑菌が入り、治癒は望めないだろう。しかし僕たちは、彼女が自分の手で食事をしたいと思っていることを、常日頃の彼女の表情から確認している。

「介助だったんですね。彼女はたぶん、自分の手で食事をとりたかったんだと思いますよ。昼食の職員は、引継ぎ通りに手を自由にしてくれたのでしょう。由美さんは怒ってるんじゃないかな？（なんで手を自由にしてくれないの？）って。（私は介助じゃなくて自分の手で食べたいのよ）って」

重度障がい者に対する支援は、全面的に介助してしまうことが一番楽な支援なのである。食事の時に〈彼女の手を自由にすること＝彼女の主体性を大切にすること〉で、どれだけの手間が増えるのだろう。食後に手をきれいに洗う・絆創膏をとる・消毒する……忙しい食後の時間帯に、圧倒的に仕事量が増えることになる。

「まず彼女に謝ってみてください。自分の手で食事をしたいと思っていた由美さんの気持ちに、ちっとも気がつかなかったことと、縛られている手を自由にする時間を取れなかったことを。発熱の原因が他にあれば、他の対応も考えなくてはならないので、また一時間程したら状況を報告してください」

食事も排泄も着脱も、全面的な職員の支援がなければ暮らせない彼女である。そんな支援を受けて、彼女は今迄に不満や抵抗を殆ど示したことがない。あくまでも従順だったのだ。その後に携帯電話が鳴り「熱、下がりました。謝って次から気をつけることを話したら、みるみる顔の赤みがとれてきて、熱を測ったら三十六度五分でした。申し訳ありませんでした。由美さん怒っていたんですね」と連絡が入った。

食事時に手を自由にすることは彼女にとって、手を車椅子に縛ってしまうことの引き換え条件にも似た約束だったに違いない。そう、彼女は確かに怒っていたのだ。職員に手を上げることも、文句や罵声で拒否もできない彼女にとって、その怒りを伝える手段はわずか三十分ばかりの間に体温を二度も上げてしまう荒業だったのだ。職員が示す謝罪にも彼女はすばやく反応した。謝られた瞬間に体温が二度も低下したのだから、彼女は気のいい奴なのだ。

「こんなにちゃんと怒りを職員に伝えたことは、今迄になかったんじゃない？　ひょっとしたら初めてかも知れないね。引継ぎがうまくいってなかったことは、決して良いことではなかったけれど、そのミスが彼女の怒りを誘い出したんだね。由美さんには『教えてくれてありがとう』と伝えてくださいね」。

由美さんの暮らしは、この日を境にゆっくりと動き始めた。長期帰省で学園に戻り、さよならをしてお別れする母親を前に、がっくりとうなだれる彼女、初めて見せた彼女の涙が、そこにあった。次回の帰省日がなかなか決まらない時に、彼女はざっくりと指を噛んだ。今迄見せたことがなかった自傷の姿だ。頻回にてんかん発作が続くある日、同室の直美さんのカレンダーを彼女はじっと見つめていた。そのカレンダーには直美さんの帰省や家庭との電話、外出日などの予定が、ぎっしりとシールで埋めつくされている。由美さんには、まだカレンダーが用意されていなかったため、急いで用意をした。その途端にてんかん発作が激減した。また、午前中必ずひと眠りしているが「夕方担任と外出」という日には、その外出をこころ待ちにしてか、一睡もしないという。

二〇〇三年。僕たちはこうして〈初めて〉の彼女に、何回も出会っていることになる。

ここでもう一度確認しておきたい。彼女は〈最重度知的障がい者〉と世の中で言われている人である。難治性のてんかん発作を抱え、上下肢の運動障がいも併せ持っている。最重度の人……なのだ。彼女の中に閉じ込められていた気持ちは、まず初めに怒りの発信によってその蓋が破られた。その怒りが周囲に受け入れられた時、寂しさや辛い気持ちが溢れ出る。その気持ちが受け入れられれば、ささやかな希望や期待が形として伝えられる。かなえられていく希望や期待は、穏やかな気持ちを作り出す。彼女は今、急ぎ足で幸福の階段を登ろうとしている。

そして今僕たちは、もっともっと彼女にわがままを言ってもらいたいと思っている。

ただし、僕たちのついて行ける力量に合わせてだけどね。ゴメン。

お父さん、僕は、本当はニンジンが嫌いです

「和彦さん、どうして明星学園に入ったの？　もうずっと前のことだけど覚えている？」

和彦さんは、三十年も前になるその日のことを、まるで昨日のことのように明るい笑顔で答えてくれる。

「おともだちを、つくるためぇー」脳性麻痺のために十分な構音が伴わない彼の発語は、どんな時でもいくらか間延びをして僕たちに届けられる。同じ理由で、調整のできないやや強めの平板なイントネーションと合わせて、僕たちはいつでも彼の一生懸命さを感じ取ることができる。「それで、お友達できたの？」ちょっと意地悪な質問をすると、いつもの笑顔で答える「できないのぉ」。

脳性麻痺の方は、いくつもの表情を感情の変化に合わせて作り出すことが難しい。表情をつかさどる顔の筋肉が上手に使いこなせないのだから、考えてみれば当然のことなのだが、悲しい時でも悲しい表情が作れずに、一生懸命作った表情が笑っちゃっているんだとしたら……それこそ、悲しい。いくら自分が悲しくても、それとは裏腹に作り出される表情は、運動障がいのせいで笑顔になる。このギャップ、この辛さ、このあきらめを受け止める。

さて「おともだちが、できないのぉ」と答える彼の笑顔は本当に本物だろうか？　和彦さんの笑顔に関して、こんなエピソードがある。

面会の後などに玄関で父親と別れる時、彼は無表情だ。そんな時、父親は必ずこう声をかけた。「元気を出せ、笑顔でいなきゃ駄目じゃないか。そうでなきゃ、また会いに来ないぞ」。途端に彼は不自由な顔面の筋肉をあやつって、たった一つ彼が準備できる表情〈笑顔〉を見せた。そんな彼には胃潰瘍があり、逆流性食道炎があり、そして親指や鼻の両脇や前頭部の皮を剥く、自傷が一年中あった。そのどれもが、彼の人生がうまくいっていないことを伝えていた。

彼はこの六年間、父親との面会や外出などでは、決まったようにディズニーのキャラクターを中心としたおもちゃを買い、マクドナルドでコーヒーを飲んで帰園した。それが最高の喜びだった。彼の居室はおもちゃに溢れ、まるでおもちゃの国に行ったような、そんな空間になっていた。父親も僕たちも（いったい、いつまで買い続ければ満足するのだろう）と思いながらも、小遣い不足で思い通りにおもちゃを買えなかった時には、自傷がさらにひどくなったりするので、彼の想いは強くおもちゃの収集にあるのだろうと考えて、絶え間ない支援を送り続けたのだ。その結果、彼の部屋は確かに夢の国になった。面会の形を決めるのも、購入するおもちゃを決めるのも彼であり、自己選択と【自己決定】の先には自傷のない生活が待っているはずだった。

『伝わらない想いがある』。もちろん当人には知的障がいというハンディキャップがあるのだから、伝わらない想いは僕たちの何倍もある。また残念ながら彼らは、自己像が否定的な故に、伝わらない時にわかってくれない相手を責めることができないで、自分を責める。それが、自分で自分を傷つけるという行動になる。僕たちは自傷行動をこんなふうに理解している。

和彦さんの伝えたい想い・伝わらない想いとは……、それはいったい何なのか？

この六年間の実践でわかったこと、それは彼の本当に欲しい物は、おもちゃではなかったということだ。なぜなら、六年間おもちゃを買い続けたことは、決して彼の自傷を減らすことには、つながらなかったからだ。そこで僕たちはもう一度考え直す。

〈彼の自傷は、左手の親指に向かっている。親指の皮を因幡の白ウサギのように、一皮全部剥いてしまうほど厳しい。そこまで痛い思いをして、彼はいったい誰に何を伝えたいのか……。待てよ？　親指は、またの名を〈お父さん指〉と言うではないか！　お父さん指への自傷、それは紛れもないお父さんへの想いが伝わらないことを示しているのではないのか？　さらに……おもちゃは所詮〈物〉だ。部屋いっぱいにおもちゃが溢れても、決して彼のこころは満たされていないのだ。〈物〉はいくら買ってもらっても〈物〉以上にはならない。とすれば彼の本当に欲しい物は？　…………〈愛？〉〉

食べ物の好き嫌いを表現しなかった彼が「ぼく、ニンジンきらいなのぉ」と、どんなに小さく刻んだニンジンでさえも、残すことを主張した四年前、そして「おさしみ、なまは、きらいなのぉ、電子レンジでチンしてえ」と言い出した三年前、僕たちはそれをやさしく受け止め続け、そして父親に伝えた。

「お父さん、和彦さんニンジン大嫌い、なんですよ。学園では完璧に全部残します」

「えっ！　そうなんですか？　そんなこと初めて聞きました。家ではそんな素振りも見せずに、ニコニコしながら全部食べていますよ」。そこで本人を呼んで意思確認をする。

「和彦さん、ニンジン大嫌いなんだよね」と向けられた職員の質問に、彼はすぐに
「ぼく、ニンジンだいすきぃ」と答えた。

それから一ヶ月程が経ったある日、父子一緒の会食行事を控えた僕たちは、彼に一つの提案をした。

「和彦さん、今度お父さんにニンジンを残すことをお願いしない？」彼は答える。

「お願いしないのぉ。ぼく、ニンジンすきなのぉ」今度は彼の本心を知る職員も負けちゃいない。

「だって和彦さん、どう考えたってニンジン嫌いでしょ。お父さんきっとわかってくれると思うよ。頼んでみようよ。和彦さんは知らないかも知れないけれど、ニンジン嫌いな人なんか、この世の中にいっぱい、いるんだよ。みんな食べずに残しているんだよ。今度お父さんに電話する時に、お願いしてみよう。私たちは和彦さんの味方だよ。きっと応援するからね」彼は渋々答えた「おねがいするぅ」。

電話をする前の晩、彼は一睡もできなかった。ニンジンを残すことについて、父親からOKをもらったその日の晩も、彼は寝ていない。四十年以上もの間ずっと彼を支え続け、父親の前で演じ続けた〈偏

食をしない良い子〉という理想の人間像が壊れていくことに、和彦さんは押し潰されそうだったに違いない。そして次の面会日を前に、彼は職員の応援を受けながら、ついに言い放った「鉄板チャーハンきらいなのぉ」。ここ数ヶ月の間「面会日といえば鉄板チャーハン」というくらい、彼のお好みのメニューであるはずだった。しかしよく考えてみれば、鉄板チャーハンはニンジンだらけなので、嫌いで当たり前なのである。彼の精一杯の発信を受けて、僕たちは動き始めた。本当は何を食べたいのかと問えば「そぼろごはん」と答えた。その希望は即座に父親に伝えられ、面会日の準備が整った。そしてめでたくそぼろ御飯を食べてきた夜、彼はまたまた一睡もできなかった。

それから一ヶ月後には、彼の頭も鼻の横も、あれほど痛々しかった親指の皮膚も艶々と光り輝いている。そこには自傷のかけらもない。

「僕は、本当はニンジンが嫌いです」という息子の「イヤ」を、父親が受け止めてくれたその日から、彼は自分を責める必要性が全くなくなった。

ご飯団子物語

裕之さんが五歳で入園した二十数年前、僕たちは彼の前で「さよなら」とか「バイバイ」というお別れの言葉を言うことができなかった。なぜなら、僕たちがその言葉を発した途端に、裕之さんがパニックに陥るからだった。泣きじゃくり、つねりまくり、ジャンプしての大混乱だった。苦肉の策として僕たちは、彼の前では英語の「Ｓｅｅ ｙｏｕ ａｇａｉｎ」にならって「じゃあ、またね」を、お別れの挨拶としていた。職員が帰宅する時や、どこかに出かける時は必ず「じゃあ、またね」と言うようにした。

裕之さんは、五歳の入園時までに大きなお別れを四つ経験している。

一歳の時に母親と別れ（急性白血病でわずかな闘病期間を経て、母親は亡くなった）、その後母方の祖父母の地、鹿児島で暮らし、父親の再婚で父方の祖父母の地、長野県Ｔ町に預けられることになる。鹿児島のおじいちゃん、おばあちゃんとの別れが二番目、三歳の時に、首都圏で暮らす父親との別れが三番目で、短期間に彼は、大きな人生の別れを三回も経験することになったのだ。しかし人生の荒波は、幼い彼に容赦がない。Ｔ町のおじいちゃんの心臓病が悪化し、とても彼を見ることができなくなって施設入所となる。このお別れが、四番目の大きなお別れだ。

だから彼には「さよなら」や「バイバイ」の言葉が、駄目なのだ。その言葉一つを耳にするだけで、今迄の、いくつもの悲しい別れの思い出が、彼を襲うのだろう。考えてみれば、当たり前のことだ。人生の運命を左右するような大きな別れを、わずか五歳という年齢までに連続的に遭遇すれば、誰だっておかしくなるに違いない。自閉症だから「さよなら」や「バイバイ」を聞いてパニックを起こしているんじゃない。繰り返された悲しみの当然の結末として、そうなっているだけなのだ。

その後、彼の成長と共に、明星学園における成人施設移行（彼にとっては誠に勝手な事情だったのだが）で、児童入所施設である信濃学園へ移ることとなった。「二十歳になったら、また明星学園に戻ってくるんだよ」という約束をし、彼は二十歳になって約束通り明星学園に戻ってきたのである。この信濃学園に移っていく時のお別れが、彼にとっての五番目の大きな別れということになる。

十五年後の裕之さんは、二十歳を過ぎても常に長さ二十センチほどの紐が手放せず（近くに紐がなければ、シャツを破いてでも紐状の物を手に入れた）それを口に入れてはクチャクチャと噛み、さらにそれをくるくる回すので、彼の居室はいつでも唾の匂いが充満していた。そして、もう一つ手放せないのが大量のお菓子類だった。彼の居室には大きなカバンが置いてあり、その中には食べるわけではないのに大量のお菓子類が入っている。それを片付けようとすれば怒り、古くなった物を捨てようとすれば「ナカナイ！　ナカナイ！」と言いながら涙を流してパニックになった。すでに祖父は亡くなり、祖母だけになっているT町への帰省時には必ずそのカバンを持ち帰り、全く食べずにまた学園に持ち帰った。祖母でさえも、そのお菓子類には手をつけることができなかった。

皆さん、十五年経っても、彼の悲しみの中核が何も変わっていなかったのがわかりますか？　自閉症だからとか、重い知的障がいだからとか、そんな枠組みをみんな取っ払って、彼を一人の人間として、この十五年以上の月日、何を願って生きてきたか、単純に、普通に、標準的に考えれば、それがわかります。〈紐〉はみんなを繋ぎとめ、結び付けるものです。手をつけることがないお菓子類は、亡くなった母の移行対象です。大切な母親の思い出を食べてしまうことはできないですからね。十分に喋ることができない彼が一番願い、みんなに手伝って欲しいと伝えたかったのは、父親と一緒に暮らしたい想い、亡くなった母の思い出を一緒に語りたい想いであったはずです。しかしその想いは誰とも共有されることなく、彼のこころの奥深くに凍結保存されて、誰かが気がついてくれるまで待ち続けていたのです。

ここから、僕たちの細やかな支援が始まる。僕たちの支援は、この凍結保存の想いを急速解凍することではない。そんなことをしたら、十五年もの間こころの奥に閉じ込めてきた想いに（人間のこころは、その重さに）とても堪えることができないだろう。全ては、彼の発信を待つことだ。再入所後の彼は、食事・排泄・作業時間以外、居室からなかなか出ようとしなかった。出て来た時間の多くは、耳を塞ぎながらの活動になっていた。僕たちは、彼が安心してみんなの前に出て来ることができるまで、決して無理に誘うことをしないで、待った。それは、単なる〈居室から出る・出ない〉の問題ではない。明星学園という場所は、彼が安心して、自分らしさ〈自分の想いを、安心して伝えても良い〉を発揮できる場所になり得ているかどうかが、このことを通して確認できるのである。

裕之さんは一年がかりで、玄関脇の下駄箱の隅に安住の場所を見つけた。そして、そこを安全基地にしながら、次第に多くの時間をみんなと一緒に過ごすようになっていく。その間に様々な支援が提供され、スケジュールや外出の形を【自己決定】する支援が進んだ。外出時に購入してきたお菓子類をいくつかにグループ分けし、少しずつ食べることができるようにもなり、「ナカナイ、ナカナイ」と言いながら泣いている彼に「寂しい時には泣いて良いんだよ、悲しい時には泣こうね」と否定的な感情を言語化して、発露することを促した。

いよいよ裕之さんの発信が始まった。普段穏やかな彼が、なんと達也さんを叩いたのである。もちろん達也さんは、否定的なことを何も裕之さんにはしていない。一方的な裕之さんからの攻撃である。達也さんからしてみれば、何の因果で叩かれるのか、わからない事態なのだ。こうして裕之さんは〈達也さんを叩く〉〈職員に叩く素振りを見せ、威嚇する〉という行動を通して、次々と本当の気持ちを伝えてくるようになる。職員集団はその行動を見るたびに（彼は何を伝えようとしているんだろう？）と考え、彼と相談した。初めの叩く行動は、祖母と帰省の日程を確認できたことで止まった。次の叩く行動は、父親の行事参加を確認することで止まった。その次は、T町への年末年始の帰省時に、父親も帰省して会える、と確認できたことで止まった。

そうこうしているうちに、彼の発信はさらに力強さを増し（相変わらず〈達也さんを叩く〉〈職員を威嚇する〉という方法だったが）、確実に彼らしい幸福を手に入れ始めて行った。

ここから、今迄になかった「父親と電話で話す」という支援が始まった。この電話は次第に定期化され、月に二回程度までに増えていった。このようなことから、もう彼は「ナカナイ、ナカナイ」と言いながら泣くことがなくなった。彼は、寂しい時、悲しい時、こころの底から力いっぱい泣くことができるようになったのだ。そして彼の手にはもう、あの〈紐〉がない。彼は紐の代わりに、父親という絆を手に入れたのだ。また同じ時期に、外食のメニューは、ずっと食べていた〈ラーメン〉から〈お寿司〉に代わっている。〈ラーメン〉も紐だったのでしょう。彼の物語は、まだここで終わっていない。その後手にしていた紐は、ご飯を練って潰した一センチほどの団子に変わっていく。食事のたびに、彼は食堂のテーブルの上でそれを練り上げては持ち歩くのである。僕たちは、父親との絆を取り戻した裕之さんが、次の幸福の階段を上るために、すでに亡くなっている母親との絆を手に入れることにあると、すぐに理解した。

お心主義事典では、【ご飯＝母親である】祖母が（「思い出すと悲しくなるので」と）、ずっと見ることをしなかったアルバムから、赤ちゃん時代に共に写っている母親の写真を、数枚分けてくださった。

彼は今〈ご飯団子〉の代わりに、母親の写真を大事にポケットに入れて持ち歩いている。

以心伝心

春恒例の、保育士養成校から実習生が来園している。

多くの実習生は、長野県内の短期大学幼児教育科系の学生で、ちょうど一年生の二月～三月が春の実習期間に当たる。実習の名が示す通り、彼女たちは保育士の資格を取得するために、知的障がい者の事業所に十一日間、泊まり込みでの実習にやってくる。保育士養成校には（例えば飯田女子短期大学など）皆さん、小さい頃からの夢である「保育園の先生になりた～い」を実現するために入学した方が圧倒的に多い。よく小さい女の子たちに「大きくなったら何になりたいですか？」なんて聞くと、みんなが大きな声でそう答える……そんな夢だ。しかし、知的障がい者の入所施設で実習することは、保育士の資格を取るために必要で、学生たちは大きな不安を抱えながら（しょうがないけど単位をもらうためには頑張って来なくちゃいけない、と思いながら）やって来る。それでもこの実習を機会に、今迄には考えてもみなかった、知的障がい者の施設で働くことが魅力になって就職する、なんて方もいるわけなので、なかなかこの実習機会は捨てたものではない。また一年生時の実習なので、不安が大きいのは当たり前のことである。ただ残念なことに、一年生時の短期大学のカリキュラムには、障がい関係の授業は全く用意されていないのが現状だ（文部科学省のルールでそうなっている）から、障がいに関する知識や経験がないまま、事業所にやってくるということになる。

さてこのことは、メンバーさん方にとっては又とないコミュニケーションの練習の機会になるのだ。職員のように何でもわかってくれようとする立場とも違うし、奇異な目で見つめる見知らぬ地域の人とも違う……。実習生は、ちょうど中間に位置するような立場の人たちだ。メンバーさんたちが、職員との間で培ってきた日頃のコミュニケーション能力が、全く新しい人に通用するかどうかを挑戦する機会なのである。コミュニケーションするためのモチベーションは、どのメンバーさんもかなり高くなっている。コミュニケーションには、まず伝えたいというモチベーションが基礎をなす。どんなに喋ることができる能力があっても、伝えたいという気持ちが育っていなければ、あるいは伝えてもいいんだという場の雰囲気がなければ、コミュニケーションは進展しない。実習生が二十歳前の女の子であることも、少なからずメンバーさん方全員のコミュニケーション意欲を高めていることは、間違いない。

直樹さんは、なんとか実習生とお話しをしたかった。喋ることで上手に想いを伝えることができない彼の強みは、歌をうたえることにある。発音はやや不明瞭であるが、メロディーや音程は正確なので、たくさん歌を知っている人には、彼が何の歌をうたっているのかはわかりやすいといえるだろう。

実習が始まって何日目かのこと、直樹さんは実習生に信頼を置き始めたのだろう。彼は勇気をもって近づき『大きな栗の木の下で』を、鼻歌とも歌ともとれぬ声でうたい出したのだ。実習生の頭はフル回転だ。なんてったって、実習スタート時のオリエンテーションで園長から「歌をうたうことで、本当の気持ちを伝える方がいるから（一緒に歌をうたっていれば係わりだ〉なんて思っていちゃいけないよ。それは質の低い支援だよ」と言われているからだ。「繰り返されている歌には、必ず意味がある。その歌が好きだという理由が必ずある。歌全体を好きっていう場合もあるけれど、その歌詞、ある一部分の歌詞が今の自分の気持ちにぴったりなんていう理由で繰り返される時もある。また、その歌全体の意味がその方の伝えたいメッセージになっているなんていう時もあるんだよ」と言われたからだ。実習生は考える……〈えっと～歌詞は……？「おおきなくりのきのしたで　あなたとわたし　なかよくあそびましょう　おおきなくりのきのしたで」だから……そうか！〈仲良くしたい〉って言っているんだ〉そして実習生は「私も仲良しになりたいなあ、迷惑だなんて思っていないよ、イヤだなんて思ってもいないよ、どんどん仲良くなろうね」と話しかけていく。

知的障がいの方の多くが〈自分は好かれるに値しない人間だ〉と思っている可能性はかなり高い。ましてや直樹さんには排泄の失敗や弄便が時々あり、その汚さ（主観的なものですが）が、こころの抵抗を生んでいる可能性もかなり高い。もっと言えば、〈上手に喋ることができない知的障がい者が、十分に喋ることができる若い女の子と仲良くしたい〉という気持ちを持っていいのか？　仲良くしたいと伝えた時に、快く「良いですよ」と答えてくれるだろうか？　そんな気持ちを全部引き受けながら、この実習生から「迷惑だなんて思っていないよ」という言葉が聞かれた時に、今度は彼が歌で返す。

♪　まいごの　まいごの　こねこちゃん　あなたのおうちは　どこですか　♪　実習生は、また考え込む……（えっと～歌詞は……？　「おうちをきいてもわからない　なまえをきいてもわからない」そうか「名前を教えて欲しい」ってことなんだ）
「○○市から来ました。○○といいます。○○短期大学の一年生です」
○○市は、偶然にも彼の出身地と同じだった。その後、今迄に何回も実習生に向けて歌っていた『犬のおまわりさん』を、実習生が自己紹介を伝えてからは、歌わなくなった直樹さんだった。

修さんは、明日が実習の最終日という日におもむろに　♪　私から　あなたへ　この歌を届けよう♪と歌い出しました。ですが、ちょっと懐メロ過ぎて、実習生には何の歌なのかがわかりません。職員も、初めて彼がうたったその歌の、意味がわかりません。皆さんは、おわかりですか？　それが気になって、どうしてもその歌の意味を知りたかった実習生は、宿舎に戻り、さっそくスマートフォンで歌詞を検索しました。そこにはなんと、驚きの歌詞がありました「私からあなたへ　この歌を届けよう　広い世界にたった一人の　私の好きなあなたへ」実習生の目から涙がこぼれました。そして続くのは「別れゆくあなたに　この歌を届けよう　淋しい時に歌ってほしい　遠い空からこの歌を」実習生はもう号泣です。何もできなかったと思っている実習生、そんな実習生の精一杯の十一日間に、財津和夫の『切手のないおくりもの』を歌ったのは、修さんからの、感謝と思いやりの気持ちのプレゼントでした。

修さんの目標は、ギターを弾きながら『切手のないおくりもの』を、みんなで一緒に歌うことだ。「ギターは高いし、難しいし……、そうだ！　ウクレレにしよう！」だなんて、みんなで笑って言いながら、十二月にはステージで披露しようと、音楽療法の先生方と一緒に練習を始めている。

彼らの生活は、こんなに優しさで満ち溢れている。ただし、それを感じるには条件がある。それは、彼らの行動やしぐさを、コミュニケーションの発信だと受け止め、何かを伝えようとしているサインだ、と感じることができる感性が必要なのだ。『犬のおまわりさん』を、ただ好きだから歌っているのではない「名前を教えて欲しいなあ、と言いたくて歌っているのだ」と感じることができる感性。また、一緒に歌って欲しいなあと思って歌っているのではなく「この十一日間の実習に対する感謝を伝えたくて『切手のないおくりもの』を歌っているのだ」と感じる感性。それを持つことが彼らの優しさに触れることができる、条件だといえる。

さて、問題です。

問い(1)

どこの事業所でも暴れてしまってうまくいかなかった健太郎さんが、入所当時に一日何回ともなく職員と歌ったアンジェラ・アキの『手紙～拝啓十五の君へ～』で、伝えたかったことは？

問い(2)

入所して三年、すっかり穏やかな生活を手に入れた麻依さんがリクエストする、いきものがかりの『歩いていこう』で伝えたかったことは？

例題3

不穏な行動を示す時、必ずドラえもんと発する方の気持ちを推測する

「ドラえもん」→どこでもドア、四次元ポケット→いつでも助けてくれる→助けて

例題4

新しく出会う人に対して必ず歌いかける方の気持ちを推測する

「大きな栗の木の下で」→♪　あなたとわたしなかよくあそびましょう　♪→仲良くしたいな

例題5

食べ物の名前ばかりを喋っている方の気持ちを推測する

「唐揚げ」→大好き、美味しい→快の感情→ＹＥＳという返事
「アイスクリーム」→嫌い、不味い→不快の感情→ＮＯという返事

課題

3 知的な情報処理をしないという理解方法

イメージ連想ゲーム

目　的

知的障がいという障がいは、知的な情報処理を苦手とする障がいです。彼らの発する言語を知的な情報処理をして理解しようとすれば、それは彼らの障がいのあり方を無視した定型発達者中心の物の見方を押し付けているということになります。

例えば、「モモ」と発している時、彼らは何を伝えようとしているのか？

ある研修会場で、「桃」の連想ゲームをしたことがあります。「桃」と聞いて、何を連想するかを間髪入れずに言ってもらうのです。瞬時に言ってもらうのは、知的な情報処理をできるだけ防ぐための仕掛けなのですが、「産毛」「丸い」「ピンク」の後が「山梨県」だったのです。そこで再質問、「桃」を見て、山梨県が思い浮かぶ知的障がいの方がどのくらいいると思いますか？　と。桃→山梨県、おそらく生産量日本一からくる連想なのでしょうが、これが知的な情報処理の典型です。そう考えると「産毛」も「丸い」も「ピンク」も知的な情報処理の色合いが濃いようです。

できるだけ知的障がいの方の気持ちになって「桃」を感じることができなければ、彼らの世界には近づくことができません。知識との連合でなく、イメージ連想、これが彼らの世界へ近づくための処方箋なのです。

彼らの記憶は、特定の場面や人とくっついていることが多いのが特徴であることを知っていると、このイメージ連想は容易くなります。

例題１

いつも桃缶を持っている方の気持ちを推測する

「桃」→ほっぺ、おしり、おっぱい→お母さん

例題２

だれかれ構わずスリッパをはいている方の気持ちを推測する

「スリッパ」→ふかふか、家の中、あったかい→帰省

第4章

ほんもののやさしさに触れる

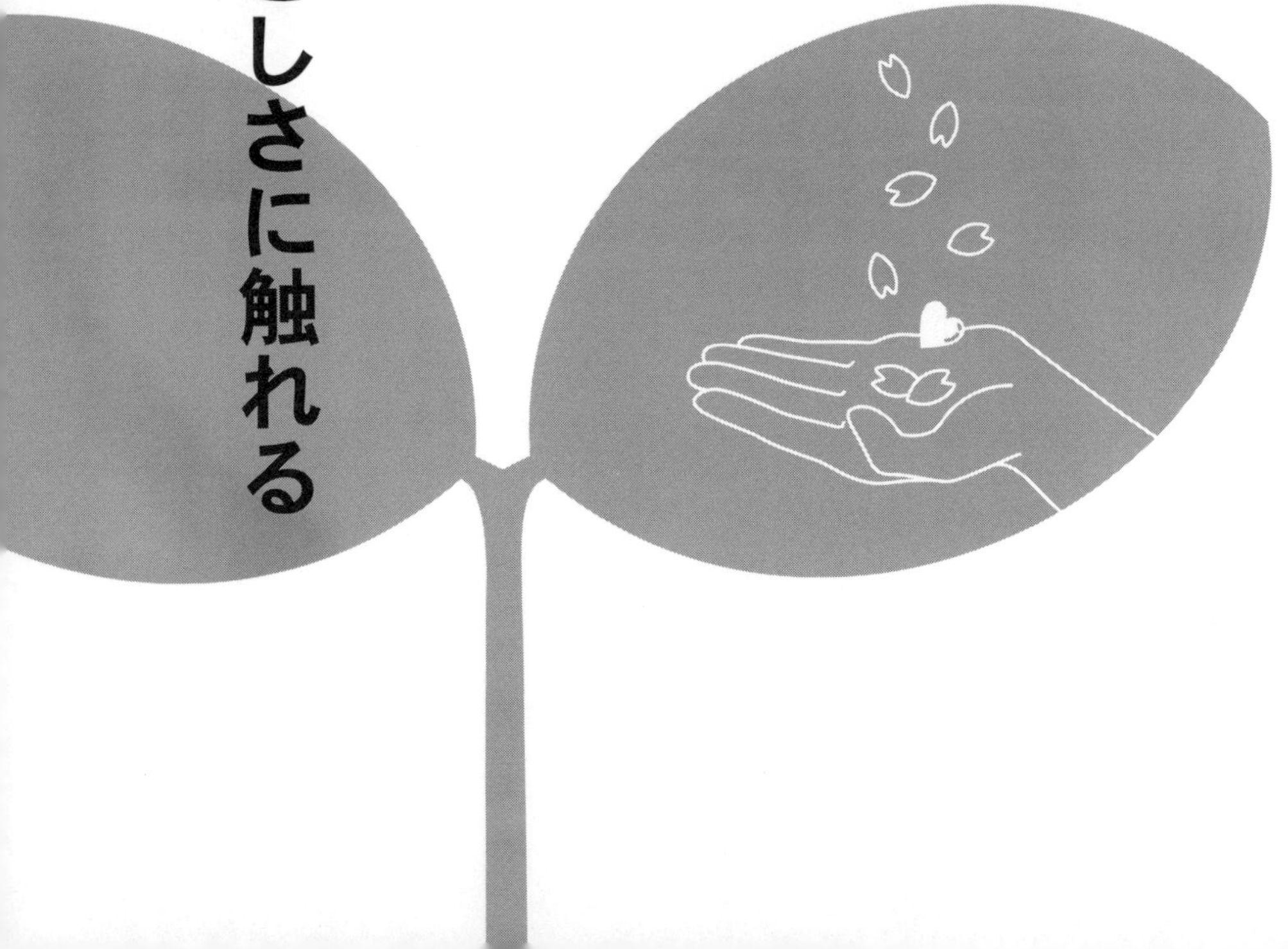

【優しさに触れる】

彼らの「優しさ」に触れてグッとくる時がある。

その「優しさ」を思い出して、涙がポロポロこぼれる時がある。

その「優しさ」は、日常的な大人の世界の「思いやり」を越えて、限りなく本物に近いからだ。もって生まれた重度の知的障がいを抱え、精一杯歩いてきたその人生の証が、本物を生み出しているからだ。自分が精一杯の時、どれだけ人を思いやれるだろうか？　どう考えても、彼らの人生に余裕があるとは考えることができないが、それでも彼らは利他的に振る舞うことができるのだ。

武田鉄矢が歌う『贈る言葉』の一節に「人は悲しみが多いほど　人には優しくできるのだから」という言葉があるが、彼らが利他的に振る舞うことができるのはまさにこれなのだろう。

大切な人に〈ありがとう〉も〈ごめんなさい〉も言えない悲しみ。

自分の想いとは裏腹に動いてしまう行動パターンから生じる、無理解や誤解。〈わからないよ〉〈できないよ〉と伝えられない中で続けられる、訓練や教育。

いつも疲れているように見える母親と、言いたいことをいつも我慢しているように見える兄弟姉妹を見て、それは全部（自分がここに障がい者として生まれてきたせいではないのか）と考えてしまう、被害的な心理状況の泥沼化。彼らの悲しみは、海よりも深い。

だから、彼らの「優しさ」は本物になる。そして、その「優しさ」に触れることができて、僕は幸福になる。

彼らに「優しさ」を分けてもらっているからだ。

お心は、メロディーにのせて

三月十八日、祐太さんと久しぶりの「抱っこ法セッション」があった。

こんなに「抱っこ法セッション」の期間があいたことは、毎日のように手首を噛み、頭突きを繰り返し、足を踏み鳴らしていた何年か前には、なかったことだ。その頃は、この自傷行動をどうにか減らし、彼をイライラの悪循環から救い出すためにと、時間を無理に作り出しては毎月のように「抱っこ法セッション」をしていた。しかし、いわゆる「問題行動」がないことが、逆に「抱っこ法セッション」の必要性を減じさせていた。

この頃の祐太さんは、ヘッドギアや手首のプロテクターの使用を拒否し、オムツの使用さえも拒否するようになっていた。その姿を僕たちは「お兄ちゃん」に成り行く彼の、前向きな精神の現れとして感じ、受け止め続けていた。

今回の「抱っこ法セッション」は、長い間彼の担任だったM職員の定年退職のこともあり、設定されたものだった。

〝抱っこ法セッション〟が始まる。

祐太さんの満面の笑みで、幸福な空気感が部屋いっぱいに広がり、参加している職員のこころの中まで浸透する。（僕、みんなのこと好きになったんだ）彼がそんなふうに語っているかのように感じるハミングは、やさしく歌われる『うれしいひなまつり』のメロディーだ。

♪　きょうは　たのしい　ひなまつり　♪　彼の気持ちが、ぴったりと表現されている。

そして、この三月をもって退職するM職員が「ありがとうね、祐太さん。これでお別れだけど、また会いに来るからね」と涙ながらに話かけていく。

それに対する祐太さんの返答は、優しいハミングと、メロディーでやってくる。「♪　デーデーデデーデ　♪」表彰式に使われるあの曲だ。（M先生は金メダルだよね。いっぱい頑張ってきたもの）祐太さんの気持ちはメロディーに乗り、ピタリピタリとこちらに届く。僕たちと祐太さんとの間には「言語」を通じたコミュニケーション回路のかわりに、「歌」でのコミュニケーション回路が生まれていた。

「祐太さん、最後に今の気持ちを一曲歌ってよ」という宮下の願いに応えて、流れてきた彼のお返事メロディーは「デーデーデー　デーデデ　デーデーデーデー（♪　兎　追いし　かの山　♪）」……。

「そうだよね。やっぱり故郷は良いよね」

喋れない祐太さんの精一杯の気持ちだった。

和解への道筋

明美さんは、生真面目な方だ。

今から十年以上も前のことだが、童顔のクリックリッとした瞳が何かを語ろうとする時、いつでもじっとこちらを見据えていたのを思い出す。それは今になってわかったことなのだが、誰に教わったのでもない、彼女の人に対する誠実さがそうさせていたのだろうことに気づくことができる。

服をたたむこと、ほうきで掃くこと、雑巾がけをすること……彼女はいつでも潔癖だった。運動会のリズム体操の練習や、小さなラッキョウに紫蘇の葉を巻く作業まで、何から何まで、朝から晩まで、一生懸命だった。そんな彼女の頑張る姿に対して応援こそすれ、誰も彼女の人生にやがて爆発が来るなどとは考えてもみなかった。なぜなら、声をかければ必ず返ってくる「こんにちは」の元気な声が、いつでも僕たちを励まし続けていたのだから。

明美さんの生真面目さや頑ななまでの一生懸命さ、そして過剰な迄の潔癖さは、いったいなんだったのだろう。それは、彼女を支えてくれた父や母、そして弟さんの期待を一身に受けて、誰に言われたわけでもなく健気にも、ならねばならない理想像を自分の目標に掲げ、〈愚痴をこぼしちゃいけない〉〈弱音を吐いちゃいけない〉〈みんなに迷惑をかけちゃいけない〉〈ルールはきちんと守らなくてはいけない〉〈人の悪口を言っちゃいけない〉と無意識裡に努力している姿だったのだろうか。感受性の強いお心の持ち主ほど、相手の期待を知らず知らずのうちに受け止めて、自分の実力以上に一生懸命生きようとしてしまうものだ。

小学生高学年で入所して二十年、あまり代わり映えしない施設生活とは別の所で、確実に彼女の状況は変化しつつあった。明美さんの家庭では、この二十年を経て新しいライフステージを迎えつつあった。最愛の弟さんが結婚し、お嫁さんとの同居や姪子さんの誕生があった。この流れから、明美さんの母親は姑になり、祖母になった。明美さんは小さい頃から、この姉想いの弟さんに支えられてきたのだという。そんな弟さんの目が明美さんから離れて妻に向かい、そしてお孫さんが生まれることにより、母や父のまなざしが、明美さん以外の人間に注がれることになった。

彼女の、誰かの期待に応えようとし続けたお心は、二十年を経て疲労困憊だったのだろう。さらに期待に応えようとする目標を失って、新しいライフステージの変化についていくことができなくなっていた疲れ果てたお心は、こうして爆発した。彼女のクリクリッとした瞳は閉じられ、明るさや素直さは、鬱《うつ》と拒否にとって代わられた。それからこの春で、もう四年の月日が流れようとしている。

一年目。一日の多くをパジャマ姿のまま過ごす彼女に、僕たちは「ずっと頑張ってきたんだね、ここらで少し休もうか？　ここでは一日寝ていても、誰も起きろなんて言わないし、働けとも言わない。明美さんの好きなように暮らしていいんだよ」と声をかけた。そして「バカ！」「キライダ！」「アッチへイケ!」と彼女からの罵声が響いた時には、急いで駆け寄り、抱きしめながら「明美さんの言いたかったことに、気がつかなくてごめんね。明美さんも○○さんと同じことをしてもらいたかったんだよね。言わないからって気がつかなくてごめんね」と語りかけた。

ある晩のこと「○○なんて大嫌いだ!」と、担任を呼び捨てにする大声が、館内中に響き渡った。その大声の正当性は彼女の側にあったので、担任の職員は一時間以上も続く彼女の泣き声と罵声に言い訳もできず、身動きさえもできなかった。なぜなら、約束を破ったのは職員の側だったから……。

彼女のやり直しの人生は「自分は自分の決めた道を歩く」という主体性回復への道筋だった。

そんなこんなの三年目の秋のこと、外出で『タイ焼き』を買って帰ってきた彼女のことを、僕たちはこころから喜んだ。なぜなら彼女は今迄、スカーフ、サンダル、人形、ちょっと可愛めな指輪……など、どこの女の子でも買いそうで、周りから期待される買い物の範疇《はんちゅう》を抜け出せていなかったからだ。『タイ焼き』は、ちょっと太めな明美さんにとって(あるいは太ることに神経質になっている母親に対して)ちょっと勇気がいる買い物だったからだ。僕たちはその行為を「ちっちゃな非行」と喜んだ。彼女はその一晩で、全部の『タイ焼き』を平らげた。次の外出ではケーキ、次はおはぎ、次は今川焼き……というように、彼女のちっちゃな非行は続いた。

頭髪を抜き続けたこの冬。買いなれたショッピングセンターの中をいつものように黙って歩き回り、買いたいなあと思うものの前で立ち止まっては買い物を続けた彼女が、最後にたどり着いた場所は花屋さんの前だった。月二回の買い物外出だが、彼女のショッピングセンターでの歩き回り方がちょっと違ってきていることを、このところ僕たちは感づいていた。彼女は、どうも年配の方々の衣料のコーナーが気になるのだ。そのことを彼女に伝えてはいないのだが〈お父さんかお母さんに何かプレゼントしたいのかも知れないね〉と話題になっていたのだ。

花屋さんの前で職員が「もうすぐお父さんの誕生日だね、お花買うの？　大丈夫、お父さんは明美さんからのプレゼントだったら、何でも喜んでくれると思うな」と聞いた。もう明美さんの目は、涙でいっぱいになった。思えば、週末帰省に迎えにきた両親に「バカ！」「でていけ！」と叫んだ夜。辛かったのは、両親ばかりではない。一番こころを痛めていたのは、明美さんではなかったのか。彼女の想いの伝わらなさに、僕たちはこころを痛めたが、一番辛かったのは、自分を責め続けていた明美さんではなかったのか？　お孫さんを可愛がる母親を、恨んだこともあっただろう。結婚して幸せそうにしている弟さんを、妬んだこともあったのだろう。その一つひとつが今は思い出だ。

明美さんは花束の準備ができるまで、店外に広がる雪景色を眺めていた。目にはこぼれんばかりに、みるみる涙が溜まった。その涙は（ありがとう、お父さん。ありがとう、お母さん。こんなに大変な私だけど、いつまでも宜しくお願いします。おかげで、最近だんだん元気になっています）とでも言っているようだった。今度の帰省日に、明美さんはお母さんに花束を持って帰る。

別れの風景に添えて

いつも春は、ほのかな苦味を伴ってやってくる。それは言わずと知れた、別れと出会いの季節だからだ。別れはいつも突然で、出会いはいつも選択を許さない。彼らはどんな気持ちで職員の別れの言葉を聞くのだろう？　悲しさ、辛さ、妬み、恨み……それとも感謝？　時には歓喜！　なんて方もいたりして……？？

職員と彼らとの間には、歴然とした立場の違いがある。この施設を自由な意志で辞めていくことができる職員と、そんな甘っちょろい生き方を許されていない彼ら。どんなに言い繕っても、飛び立てるのは職員であり、いつもとり残されるのは彼らなのだ。だから、施設での別れはいつも誰かを傷つける。そして明らかに「さよなら」を告げる側より「さよなら」を告げられる側が確実に傷つく。すがることも追うこともできず、不満を伝えることもできずに、ただその現実を受け入れることしか方法がないが故に、彼らは尚更傷つくのである。若い恋人同士が「いつまでも君のことを忘れないよ」の一言でお互いを支えあうように、この重い知的障がいがある方々との別れは、はたして同じように支えあえるのだろうか？

実は、春が別れの季節であることを一番知っているのは、他ならぬ彼らである。二十年、三十年の入所施設暮らしで、繰り返される単調な生活、望むと望まざるにかかわらず身についてしまった別れの季節感、彼らはそれをわずかずつ伸び始める陽の長さや日増しに強くなる陽だまりの心地良さ、そしてなんとなく伸びやかさを欠く職員の態度から察するのだろう。年が明けて二月の声を聞けば、そんな不安が彼らのこころをいっぱいにする。（また、見捨てられるのではないのか）……と。

達也さんは、突然担任が退職することを知らされた。前日まで、いやほんのさっきまで「いつでも達也さんのこと、大切に思っているよ」と話しかけてくれていた最愛の担任からの通告である。

僕たち側には、別れについての決めごとがある。それは、絶対に彼らのこころを傷つけてしまうこの別れを、少しでも和らげようとする試みでもある。退職や異動の伝達は、全員同時の発表とすること。それまでは退職することや異動することは完全に伏せておき、決して悟られないこと。別れを告げる時には次の担任が決まっていて、旧担任と新担任と本人とが、その別れの辛さや寂しさ、離れていくことの不安、放り出されてしまうのではないかという心配を「抱っこ法」的な雰囲気の中で、十分時間を費やして、話すことができるような環境を設定すること……。

「達也さん、大事な話があるんだけど、お部屋でお話しない？」と職員に言われた時から、薄々感じていた予感がただ的中しただけの会話内容なのだが、言葉にされてみると〈辞める〉という言葉の重みは、やはり達也さんの表情を一変させていた。

担任は、すぐに言葉を継ぐ。

「達也さんといろいろなことを、一緒にできて嬉しかったよ。初めてやったことや、できたことも多かったね。ヘアトニックを買ったり、キャベツやシーチキンを買ったり、お気に入りの服を買いに行ったり、電車にも乗ったね。新しいことをやる時には、いつもドキドキしたけれど、いつも達也さんが上手に教えてくれるので助かったよ」達也さんのまなざしは真剣である。「ごめんね、これでお別れだけど、達也さんのことはずっとずっと大好きだよ」

達也さんはそれまで我慢していた手をすっと伸ばすと、その指先でぎゅっと担任の腕をつねった。そしてもう一度、達也さんは担任の目を覗き込むようにして続けてつねった。「アウ」としか音声を作れない達也さんの声帯は（すき）（きらい）（いやだ）（やめないで）が言えない。担任はその達也さんの悲しみを一番知っているので、黙って受け入れた。

「達也さん、ごめんね」繰り返されるその言葉に応えるかのように、達也さんは担任の腕をつねり返す。（イヤだ、行かないで！　嘘つき、やめないって言ったじゃないか！）と言いたげな、達也さんの叫び声が聞こえるようだ。差し出したまま動かない担任の腕は、達也さんの気持ちを精一杯受け止めている。どんなに痛くても逃げないその細い腕は、達也さんのこころと同じように痛む腕だ。担任はどんな痛みにも、耐えようと決めていた。

「達也さん、ありがとう。達也さんのおかげで、とてもいい仕事ができたよ」どのくらい時間が経ったのだろう……達也さんのつねりは止まっていた。

達也さんは、そっと担任の肩に両手を回した。

洋子さんは、五月半ばを過ぎた頃から、引っ切りなしに鼻水ぬりを始めた。様々な支援の係わりが持たれたがその原因はわからず、状況はさらに悪化していった。わかっていることは、重い知的障がいと全盲という重篤な視覚障がい・上下肢の運動障がいがあるということだ。このようなシビアな障がいがある彼女にとって、顔面への鼻水ぬりは〈ちっとも私のことわかってくれないじゃない！〉というサインだということだけだった。七月になって、やっと僕たちは重い腰を上げた。特別な時間をとって抱っこ法セッションを実施することとした。

担任が手を取って話しを始める。

「洋子さん、最近の生活どうかなあ？　どう？　うまくいっていないことあるよね」

洋子さんの表情は殆ど動かないままだ。

「新しい担任はどうですか？　前の担任と別れて寂しいですか？」

ニッと唇を動かすと、彼女は握りしめられている手を、ゆっくりと振り払った。

限りなく控えめに〈ＹＥＳ〉と応えたこの時、やっと彼女の本当の気持ちに触れた一瞬だった。

少なくとも五月の半ばまで、前担任が辞めてしまって寂しいなどというような様子を垣間見せなかった彼女は、おそらくこの寂しさを今迄と同じように一人で耐え抜いていこうと決めていたのだろう。

「ずっと一人で我慢してきたんだね。そんな寂しい気持ちを、誰も気づいてあげられなくてごめんね。いいんだよ、寂しければ寂しいと言えばいいんだよ。そんなこと我慢することじゃないんだ」

彼女の小さな胸は、この寂しさをもはや自分一人では支えられずに、破綻寸前だったのだろう。彼女のそんな想いに気づいた僕たちは、退職した前担任に電話をして「一生懸命頑張ろうと思ったんだけど、やっぱり駄目だった。どうしてやめちゃったの？　私　寂しくて　寂しくて」と、彼女の気持ちを代弁した。続けて本人に受話器を持たせ、母親に電話をした。

「お母さん、ごめんね。私、頑張ろうと思ったんだけど、やっぱり寂しい。それなのにこの気持ちを、職員は誰もわかってくれないの」それは彼女の弱音と告げ口をする、代弁の電話だった。今の彼女にとって、弱音を吐くことも、母親に施設での居心地の悪さを伝えることも勇気のいることだ。それは母親に心配をかけることであるし、何よりも頑張れなかった自分を認めることでもあるのだ。しかし、一旦動き始めた物事は次々に変転していく。彼女は次の日、一日中「怒らないでね。怒らないでね」とつぶやき続けた。洋子さんは〈弱音を吐いた自分〉〈一生懸命世話をしてくれて、決してさぼっているわけではない職員のことを、悪く言ってしまった自分〉を責めているのだ。

「誰が洋子さんを責めるもんか、怒るもんか、みんな仲間じゃないか。強いところもあって、弱いところもあって、みんなで支えあってるんじゃないか」洋子さんは職員の手を取ると、そっとその手を自分の頬に導いた。

それは（わたしここにいていいんだよね）と言っているようだった。

今あなたは、あなたのことを一番大切になさい

その日、彼女は突然布団を中庭に持ち出し「ここでねる！」と言い出した。六月も初旬だとはいえ、真夏の夜の暑さを思えばまだまだそんなに寝苦しいというはずもなく、その行動は職員の目には、ただただわけのわからないものに見えた。

「どうして中庭に寝たいの？」という職員の質問に、彼女は大きな声で「きもちいいからです！」と、はっきり答えた。職員は部屋の中に寝てもらおうと布団を部屋に戻すが、一旦納得したかのようだった彼女は、五分も経たないうちに再び中庭へと運び出す。彼女の布団は、部屋の外と中を行ったり来たりして、結局イタチごっこだった。彼女の譲らぬ意志の強さを感じた職員は止むなく中庭にブルーシートを敷き、その上に布団を敷くことを選択した。時は梅雨の真最中で、今にも降り出しそうな真っ黒な空だった。彼女はこの一週間後に、再び部屋に戻って寝てくれることになるのだが、この日を皮切りに、たくさんのことを僕たちに教えることになるのだった。

彼女は五月の連休明けに入所した。定員いっぱいだった星組から、祐太さんに雪組への異動をお願いし、その空いた席に入っていただいたのだ。そんな彼女は入所当初、（きっと誰でもそうだと思うのだが）寂しさを受け止めてもらうために、度々母親に電話をしている。ある日、朝から何回もかけている電話

に母親が出られず、やっと夕方になってつながった。いつもは上手に受け答えができる彼女が「でんわ！うるさい！！」と叫んで、とてもやりとりにならなかったことがある。職員は受話音量を小さくしたり、着信音量を小さくしたりと慌てて対応したが、いっこうにこの「でんわ！　うるさい！」はなくなることがなかった。

彼女の、こころの扉を開ける鍵は実はここにある。職員の対応は「でんわ、うるさい」を、こう解釈している。

【彼女が、電話の音を（あるいは声を）うるさいと感じている】と。しかし前述の通り、この解釈では、ことはうまく運ばない。なぜなら、彼女の意図しているところとは全く違うからだ。彼女の伝えたい本当の気持ちは【（わたしの）でんわ、（お母さんは）うるさい（ですか？）】である。一日何回となくかけた電話、母親の声を聞きたくて、聞きたくてかけた電話、その電話に母は出ない。僕たちならその状況を（忙しいのだろう）とか（携帯電話をそばに置いてないのだろう）とか（マナーモードになっているのかな？）などと判断して、十分処理をしていくことができる。しかし、彼女は入所してわずかのこの時期に、そうは解釈できないのである。母が電話に出ないことは、おそらく（自分のことを嫌いなのではないか、邪魔だと思っているのではないか）と感じるのだろう。自分からの電話が鳴っているのをわかっていて（わざと出ないのではないか）と勘ぐっていたのだろう。彼女の立場に立ってみれば、家族と離されて、自分の意志とは裏腹に施設に入所させられてしまっている、というのが実態である。それが彼女の言う「でんわ！　うるさい！」なのである。（お母さん　わたしのでんわ　うるさい　ですか？）（わたしのでんわ　めいわく　ですか？）これが彼女の一番確かめたかったことなのだろう。

彼女は、自閉症という大きなハンディキャップを背負っている。喋ることはできるが、微妙な言い回しなど、とても無理である。その上、物事の感じ取り方は超被害的である。自分のことを悪く、悪く考える。その結果がこのようなコミュニケーションのすれ違いを生んでいるのだ。僕たちはこのことをもっと知るべきなのである。

この「でんわ！　うるさい！」事件は、彼女の生き方、コミュニケーション方法の根本を僕たちに垣間見せてくれた。そしてこれが中庭事件への大きなヒントになっていく。人間が何かを伝えたい時、その多くは自分が利益を得るための行動として表現される。例えば赤ちゃんは、（おっぱいが欲しい）（オムツを替えろ）と泣く。みんな自分の利益のためである。彼女が中庭で寝た時、僕たちはまずその行動が何の利益を彼女にもたらすのかを考えた。

「もっと帰省をしたいのではないのか？」「何か帰省時に母親や父親に要求したいことがあるのではないのか？」「静かな所で寝たいのではないのか？」「一人になりたいのではないのか？」いろいろな仮説が考えられ、実行に移された。しかし彼女は中庭に寝たまま、三日が過ぎ、五日が過ぎた。雨の降る夜に、職員は慌てて布団を屋内に引きずり入れた。それでも彼女は再び雨の降る中庭に戻って行ったので、中庭に簡易テントが張られた。それは、彼女の頑なな主張を、僕たちが引き受けるためだった。

彼女のこころはいつも否定的な気持ちで満たされている。（自分さえいなければ……、自分はいつでも邪魔にされている……、自分の存在は迷惑である……）と。もし彼女の行動が自分の利益を得るためでなく、誰かの利益のためになされているものだったら？　いったいどのように理解できるのだろうか？　それは、コペルニクス的な発想の転換だった。

彼女が明星学園星組に入所したことで、祐太さんは雪組に異動になった。時々星組を訪ねてくる祐太さんに、職員は「ごめんね」「さびしくない？」「元気にやっている？」と、盛んに声をかけている。それを見ている彼女の感じ方は（自分が星組に入ったばっかりに、祐太さんはクラス異動になった。させなくてもいい辛い思いを、私のせいでさせている。私さえいなければ、私さえ部屋を出て中庭で暮らせば、一部屋は空く。そうすれば、祐太さんは星組に戻ってくることができる。祐太さんには星組に戻ってきて欲しい。そうすることができるんだったら、私は中庭で寝る。どうせ私は、みんなに迷惑をかけているんだから）ということに違いない。彼女の発信行動は、決して自分の利益のためではなかった。彼女は自己犠牲の道を歩んでいたのだ。僕たちは彼女に

「祐太さんは、あなたのせいで異動になったんじゃないよ。祐太さんも十年前は、今のあなたと同じように、誰にも自分のことをわかってもらえなくて、とても苦しい時期があったんだよ」「それから十年、

職員全員が一緒になって、お母さんやお父さんの力も借りながら、どうやったら幸福になれるか考えてきたんだ」「そうやって、もうすっかりお兄ちゃんになれた祐太さんは、星組を卒業なんだよ。決して追い出したわけじゃないよ」「今度はあなたの順番なんだ。あなたがこの星組で、職員みんなと一緒になりながら、お母さんやお父さんの力を借りて、どうやったらみんなと仲良くなれるのか、どうしたらみんな幸福になれるのかを考えていくんだよ」「今の星組にはあなたが必要なんだ。職員全員があなたのことを一緒に考えたいと思っているんだよ」「いろいろのことを教えて欲しいな。あなたと一緒にいろいろなことを勉強していきたいと思っているよ」

「ここはあなたの星組です。あなたが今、一番大切にしなければならないのは、祐太さんの幸福ではなくて、あなた自身です」

こうしてこの夜から、彼女の就寝場所は中庭から部屋へ戻った。

ハイチューふたつ、ファンタグレープをふたつ

宮下智著【お心主義辞典　二の法則】の項には、次のような説明がある。
「こころの不全感、満たされなさを埋めるために、同じ物二つを必ずペアにして購入したり、揃えたり、並べたり、身につけたりする行動がある。ペアの一方が母親を表象し、もう一方が本人の表象であると思われる。時には、父親と母親との対を表現している場合もある。いずれにしても、本人が編み出した無意識的な自己治癒の方法であるので、止めたり我慢させたりすることよりも、その気分（おそらく依存対象との一体感であると思えるのだが）を十分味わうことができる環境を準備することの方が、次へのステップ（エンパワメント）のためのエネルギーを提供することになる」。

僕たちは陽介さんと、二十年以上も前に亡くなられた陽介さんの母親の、墓参りに出かけた。場所は、学園からおよそ一時間高速を飛ばし、田舎道を三十分も行った所だった。墓参りに出かけるまでの経緯は話せば長くなるので、また別の機会へ譲りたいのだが、ここでは次のことだけを説明すれば十分なように思える。

陽介さんの母親は、陽介さんが入所後すぐに事故で亡くなっている。その頃陽介さんは三歳であり、残念ながら母親の愛を十分味わっていたとは言い難い。さらに三歳で、重度の知的障がいと自閉性の障

がいを併せ持ったその子が、突然母親が目の前から消えて（亡くなって）しまった時、それをどう受け止めるかについて、皆さんには想像して欲しい。おそらく『死』は理解できまい。とすれば陽介さんは（母親は自分を捨てて、どこかに行ってしまった）それは（自分を嫌いだからだ）と考えてしまってもおかしくはあるまい。

この日、僕たちは母親のお墓へのお供え物を、近くのコンビニで調達した。もちろん陽介さんも同伴である。

「陽介さん、お母さんのお墓に何をお供えしようか？」彼はわかったのかわからなかったのか、いつもと同じようにハイチューふたつにファンタグレープふたつ、加えてオロナミンCとカロリーメイトを、一つずつ購入した。

陽介さんの買い物は、ハイチューをふたつ、ファンタグレープをふたつで、見事な【二の法則】である。

天候は横殴りの風と雨で、さした傘が吹き飛ばされそうだった。二十歳をとうに過ぎた今の年齢でも、おそらく『死』については完全にはわかるまい。だとしたら「お母さんは、あなたを捨ててどこかへ行ってしまったのではない、このお墓の中に、この地面の下にちゃんといるんだ」ということと「あなたを嫌いになったのではない、この地面の下から、あなたのことをずっと見守っているんだ」ということを、僕たちはどうしても陽介さんにわかって欲しかった。

仕事の合間をぬって時間を作ってくれた父親に案内されて、墓地に着いた。（いずれお金に余裕ができたら立派なお墓を）と予定されている一区画には、大きな御影石がどすんと一つある。これが彼の母親の墓だった。この下に彼の母親の骨が眠っている。いつも飛んだり・跳ねたり・走ったりと慌ただしい彼も、さすがにしんみりしている。（ちゃんとこの状況をわかっている）彼のしんみりは、僕たちにそのことを伝えている。冷たい雨が頬を打ち付ける。僕が、

「陽介さん、大切な話があるんだ。よく聞いて欲しいんだけど……」

「お母さん、陽介さんの小さい時に、急にいなくなっちゃったんだよね」

「学園に入って、お母さんに会えなくなっちゃったと思っていたら、今度はお葬式だなんてことになって。会いに行った時には、もうお母さんは呼んでも動かなくって、きっと僕のことを嫌いになったんだと思っちゃったよね。呼んでも返事をしてくれないんだものね」

「今ここで、ちょっと説明したくらいじゃ、すぐにはわからないかも知れないんだけど、この石の下にお母さんは眠っているんだよ」

「ずっとずっと。どこかへ陽介さんを捨てて行ってしまったのではないのだよ」

「この石の下で、いつでも陽介さんがいい子になるように、って祈りながら、ここから陽介さんを見守っているんだよ」

と語りかけると、彼は一本のファンタグレープを石の上に置いた。

陽介さんは、二番目のお母さんと全くうまくいかない。世の人は、それを彼の持つ重い知的障がいのせいにするかも知れない、また自閉性の障がいのせいにするかも知れない。でも、今の僕にはそうは思えない。自分の本当のお母さん（今はとうにいない一番目のお母さん）が大好きだから、だから二番目のお母さんとうまくいかないのである。二番目のお母さんのことだって大嫌いということではないのだろう。その証拠に、義妹や義弟のことは、いつも名前を出すほど大好きなのだから。

彼は僕たちの話しているその横で、まずハイチューを平らげた。そしてファンタグレープを一本、瞬く間に飲み干した。僕たちは、せっかくお墓の石の上に置いたファンタグレープをいつものように飲み干してしまったらどうしようと、ちょっとイヤな予感でドキドキした。

彼にはもうすぐ、クラス変更が待っていた。僕たちともしばらくたてば、お別れである。僕たちは、死別した母親とのお別れのことが、少しでも彼の中で清算することができれば、すぐに訪れるクラス変更によるお別れも、うまく乗り越えられるのではないかと考えていた。

人は、たくさんの人たちに愛されたいと願うものだ。でも現実的にはなかなかそうもいかない。じゃあいったい何人の人に愛されたなら、人間というものはやっていけるのだろうか？　それはたぶん一人、この世の中にたった一人でも自分を愛し、大切に見守っていてくれる人がいたなら、それでやっていけるのである。辛い状況にあっても、悲しい状況に陥っても、過去に一回でも一人でも、きちんと自分を大切にしてくれた人がいたなら、それで人間は挫けないのである。その一人の人間、それはここではもちろん母親であり、施設でいえば担任である。最愛の母親、最愛の担任となる。

「ねえ、陽介さん。いつまでも、陽介さんのことを見守っていてくれるように、お母さんにお願いしようか」彼は僕たちと一緒に両手を合わせ、頭を垂れた。ますます雨と風が強くなった。「嵐を呼ぶ男だね、陽介さん」担任がつぶやいた。「さあ、行こう」陽介さんは僕たちと一緒に動き始める。彼は、お墓の石の上にポツンと置かれたファンタグレープに手をつけようともしない。大きな丸い御影石の上にポツンと置かれたファンタグレープが、雨に打たれてたたずんでいる。

「ジュース、お母さんにどうぞ、だね。陽介さん、ちゃんとお母さんの分だって、わかっていたんだよね。もしかしたら飲んじゃうかも知れないなんて思う僕たちは、陽介さんのことわかってないんだよね。ごめんね、陽介さん」

二本買ったファンタグレープのうち、一本は自分でもう一本は母親の分、陽介さんはちゃんとわかっていたのだ。

陽介さんの物語はこれからまだまだ続くのだが、この日から僕たちは【二の法則】を強く信じられるようになった。達也さんは雑誌を二冊、美香さんはハンカチを二枚、健一さんはダビングビデオテープを二本、綾乃さんはコップを二つ……。みんな二つあって安心なのだ。

後日談だが……。

陽介さんは悲しい時、辛い時、必ずカロリーメイトが食べたくなる。

【こころにエネルギーを】きっとそんなところなんだと思う。

何もできなくたって、励ますことはできる

その頃、年度初めに必ず行っていた「業務計画」の冒頭に、それぞれのクラスで副主任と呼ばれる立場の人が、必ず一文を寄せることになっていた。「今年度は、こんなつもりで私は働きますので、みんなでこころを同じくして、この道を歩んで行きましょう！」といった内容で、職員全員を鼓舞するための役割を、この文章が果たしていた。

ある年のこと、まだ経験年数の少ないうら若き女性職員のＩさんが、その冒頭の文章を担当することになった。ページ数は約二ページで、おそらく一六〇〇字程度が与えられたノルマではなかったかと思う。支援能力も高く、文章力もある彼女の原稿の出来上がりに、みんなが多くの期待を寄せた。ところが、仕上がってくる文章は、なかなか私が期待するようなものにならないのだ。確かに内容は理路整然としていて、間違ったことは何も書いてないのだが、何回読んでも読む者のこころを揺さぶるものがないのだ。つまり頭の中だけで書かれている文章になってしまっていて、彼女の情緒が、気持ちが、言葉に乗っていないのだ……。おそらく（きちんとしたものを書かなくちゃ……）（立派な、恥ずかしくないものを書かなくちゃ……）、そんな気持ちが彼女のこころの中に湧いてきて、本当に思っている彼女の知的障がい者の方々を支援する時の現場での熱い気持ちが、伝わらなくなっていたのだろう。

提出された原稿には、一回目も、二回目の時にも駄目出しが出た。

「あなたなら、絶対みんなのこころを動かせる文章が書けるはずだ。もう一度書いてきてごらん。できるだけ自分のこころに正直に書くことが大切だよ。現場であれだけ良い仕事をしているIさんなんだから、絶対書けるはずだよ」僕は期待を込めて、彼女を職員室から送り出す。

三回目の原稿提出の日がやってきたが、残念ながら原稿の出来栄えは良くなかった。こころを打つものがないのだ。またもやダメ出しになる。とうとう彼女は僕の前で「もう無理です。これ以上のものは書けません。もう私の精一杯です。どうやって書いたらいいか、全然わかりません」と泣き始めた。それはそうですよね。「こころを揺さぶるものがない」「こころに正直に書いてこい」って言われたって、どうやって書いていいのかわからないに決まっています。それでもIさんの高い能力に期待していた僕は「もう一度書いてみて」と言って彼女を送り出しました。そして四回目の原稿が提出され、そこには、こころ揺さぶる素晴らしい文章があったのだ。「Iさん、すごいじゃない！　書けたねえ。良かったよ」原稿を読みながら、僕の目は涙でいっぱいになった。内容の素晴らしさはともかく（度々の再提出を命じて成功だったと）、部下指導の方法に満足している自分が、そこにいた。「どうして書けたの？」と尋ねた質問に対する彼女の答えは、そんな僕の自己満足を軽くぶっ飛ばすものだったのだ。

「前に、泣いて職員室を出て行きましたよね。みんなに涙を見せるのは恥ずかしいから、一生懸命涙をこらえてクラスに戻ったんですけど、どうしても涙が止まらなくて……。書けない自分に悔しかったんですけど、（もう書けない！）（断っちゃえ！）と思って……。クラスに戻ると、すっと健一さんが私のそばに来たんです。そして、私の肩をポンポンって叩いてくれたんです。それが私には（Ｉさんならきっと書けるよ。もう一度だけ書いてごらん）って、健一さんが私を励ましてくれているんだと感じたんです。それで、もう一回だけ書いてみようと思って書いたら、なんだかとても素直な気持ちになることができて、それで書いた文章が今日のものです。健一さん、目が見えないのに、私が挫けそうになって、涙を流していたのがわかったんですね……」彼女が素晴らしい文章を書けたのは、僕の度々の駄目出しのせいではなかったのだ。

健一さんは、最重度知的障がい者と呼ばれて、視覚障がいまで持ち合わせ、食事も、排泄も、着脱にも多くの支援が必要で、全く喋ることができない。おそらく何もできないと思われ、何も役に立たないと思われてきたであろう彼の、ポンポンと肩を叩く励ましが、Ｉさんに素晴らしい文章を書かせたのだ。業務計画説明会の日、全職員がその冒頭の文章の朗読に涙し、今年度の新たな出発を決意したのだった。

健一さんは、僕たちに教えてくれる「何もできなくたって、励ますことはできる」と。

僕たちは毎日毎日、いくつもの支援上の困難に出会います。喋ることができない知的障がいの方々の本当の気持ちをわかろうというのですから、その困難は当たり前で、難しいに決まっています。さらに、本当の気持ちがわかったとしても、実現できそうもなかったり、ちょっとやそっとではお手伝いできそうもない気持ちに、出会ってしまうことも度々です。（お父さんやお母さんと一緒に暮らしたいなあ）（もっと何回も帰省したいなあ）（私の暴れる行動、早く治らないかなあ）（もう一回歩けるようにならないかなあ）（いなくなったお母さん、捜してくれないかなあ）……、あげていけばきりがありません。【私の障がいは治りますか？】【私は生まれてきて良かったですか？】【私は迷惑な存在ではないですか？】こんな本当の気持ちを知ってしまった時に、僕たちのできることは本当に限られています。そこで、健一さんの教えてくれた「何もできなくたって、励ますことはできる」という言葉が生きてきます。

何もできないのは、何も最重度知的障がいと呼ばれる方々だけの話ではないのです。僕たち定型発達と呼ばれる人たちにだって、先ほどのような気持ちに出会った時には、何もできないのです。本当に困っている人に出会った時、それが友達であっても、親であっても、子どもであっても……手伝えることは限られています。

例えば、友達が自殺したいと言っているその時に、自分たちには何ができるでしょうか？　癌を宣告され、余命いくばくもないという人に、自分たちは何ができるでしょうか？

三月十一日（平成二十三年）に起こった東日本大震災の時には、多くの津波の犠牲者を前に、メルトダウンした原子力発電所の放射能の前に、何も役に立たない何もできない自分たちを突き付けられました。

健一さんは言います「何もできなくたって、励ますことはできる」と。

メンバーさんの由貴子さんに、こんな話をしたことがあります。

彼女は実家が遠く離れ、思うような帰省ができませんでした。彼女は実家が大好きなのに、お父さんやお母さんは「うちの子は、学園のことが大好きで」とおっしゃっていて、ちっとも親子のこころの溝が埋められません。思春期には度重なる大暴れもあり、少しずつ少しずつ穏やかな生活を手に入れつつあるというものの、さすがに自分たちの支援力では、彼女にある一定の幸福をもたらすところまで届かないのです。

そんな時に僕たちは「何もできなくってごめんね」と彼女に謝ったのです。すると彼女は、筆談で【あやまらなくても　いいよ　だって　いつも　はげまして　くれている】と答えてくれました。筆談でのやりとりですから、喋ることができない重度の知的障がいの方が、本当にそんなことを思っているの？と感じる方もいるのではと思いますが、僕にとってこの瞬間は、今でもかけがえのない真実として、こころの中で生き続けています。

十年以上もの月日を経て、健一さんの励ましと、由貴子さんの励ましが私の中でぴったりとつながりました。落ち込んだ時、挫けそうになった時、自分が何もできないと思った時、自分が何も役に立っていないと思う時、健一さんの言葉、由貴子さんの言葉が僕のこころの中で蘇ります。そして、そんなことに励まされている自分に気がつくのです。

励ましているのは僕ではなく、励まされている僕がいるのだと……。

命を懸けてまでする意味

その日健太さんは、食事を完全に拒否した。朝から一口も食べないのである。まさかその日から、彼の完全拒食が一週間以上も続くことになろうとは、もちろん誰も考えることはできなかった。

彼には発語がない。彼には「ウー、オー」の唸り声が残っているだけである。

二十数年前には、抑えきれない精神と身体とを抱えて眠ることもできず、ＮＨＫ教育放送の『続基礎英語』の副読本を片手に「ＡＢＣ　イェー　イェー」などと叫び続ける夜が続いた。畜舎の鶏が目覚めるその鳴き声に合わせて「コケコッコー　イェー　イェー」と、大声を張り上げながら廊下を走った。職員の眼鏡を奪い、腕時計をつけたがった。右手を口に運んでは、反復的に舌を強く引っ張り出した。食事はといえば、立ったり座ったりを繰り返しながら、大きめのスプーンで、丼から口に詰め込んだので、汁もこぼれ、食材もこぼれた。このような精神の変調は、父親の葬式に出席した夜からだったと聞く。

彼には大量の精神安定剤が処方され、その副作用のためか身体が傾いた。毎月のように処方が検討され、夜間における安定した睡眠の確保と、日中の適正覚醒に治療のターゲットが置かれた。数年間の悪戦苦闘の後に、回復の兆しは次のようにして現れた。

きっかけは、年に二回、合計六日間程だった帰省を、月一回（二泊三日）、年間合計四十日間程にしたことだった。彼の帰省は、父親の逝去以来（母親が自動車の運転免許を持っていないという理由で）激減していた。職員集団も、それが当然かのように「だってしょうがないじゃないか、お父さんが亡くなったんだから」と、いとも簡単にその状況変化を引き受けていた。しかし、その状況を彼の立場で考えたなら、とてもそんな悠長な話ではない。父親が亡くなったことも、母親が自動車の運転免許を持っていないことも、彼の預かり知らぬことなのである。そんなに簡単に帰省が減ってしまっては困るのである。彼が一番楽しみにし、こころの支えにしているのが、帰省時に母親と一緒に過ごす時間なのであるから。

そこで福祉事業者に帰省の送迎を依頼し、母親が仕事休みの週末に、帰省することができるようになった。職員集団にしてみれば、とても威張れるような画期的な支援方法ではない。精神安定剤の調整くらいしか打つ手がなかった数年間の、支援の罪滅ぼしだったに過ぎないのだ。強いて言えば、置かれた状況を「しょうがない」と簡単に受け入れたりせずに、あくまでも本人中心に、その気持ちやそのニーズに寄り添いながら【どれだけ具現化して実践・支援できるか】という視点に立てるようなったことが、職員集団の成長といえるのかも知れなかった。

月一度の帰省が始まってしばらくした頃、彼の反復的な（右手で舌を引っ張り出す）行動がなくなっていた。帰省では、父親の墓参り（必ず母親と二人一緒に、お墓まで散歩がてら出かけている）と、彼の大好きな手作りカレーライスを欠かしたことがなかった。

昼間の眠気が増えるたびに（精神状況が良好になれば、それまでは適量だった精神安定剤の負荷が高まり、副作用として眠気が強くなったり、足元がフラフラしたり、食欲が減退したりする）、精神安定剤が少しずつ抜かれ、そして最後には服薬がなくなった。いつしか身体の傾きも少なくなり、すっと立っている姿が見られるようになった。

そしてその頃から、支援がうまくいっているかいないかを、彼は「食」を通して教えてくれるようになっていく。職員との外出の形が決まっていない時には、食事を口の中に詰め込んだまま、なかなか飲み込もうとしないことで、それを教えた。帰省の日程があやふやな時、彼は右手を盛んに口元に持っていくことで、それを教えた（昔、舌を引っ張り続けた名残がここにある）。約束されたカレーのレトルトが食事に出されていない時、彼は食事をボロボロとこぼすことで、それを教えた。そして、今回の拒食である……。

（決められていた外出の形に問題があるのではないか）（個別支援計画に記載されているような基本的な支援が、うっかり提供されないままになっているのではないか）（帰省の約束はきちんとされ、帰省の形は、母親の承認を得ているのか）等々、思いつく限りの支援が提供されたが、二日が経ち、三日が経ち……、それでも彼は何も食することがなかった。プリン、カロリーメイト、ウイダーインゼリー……、好きなはずの全ての食材を拒否した。もともと痩せ形の彼であるが、キログラム単位でみるみる体重が落ちた。通院・検査は全て異常なし。点滴での栄養補給が始まって一週間が経った。

万策尽きていたその時に、誰かがふと「お母さんの誕生日、いつだったっけ？」とつぶやいた。調べて驚いたのは、彼の食べなくなった日と母親の誕生日が同一日だったことだ。健太さんに尋ねる。「お母さんに誕生日プレゼントしたかったのかな？」彼は、どこかで微笑んだようだった。すぐに写真カードでの選択による支援が始まると、彼は『帽子』を選択した。職員みんなでその選択に感動してしまった。なぜならお母さんは、いつも帽子をかぶっているのだ。「そういえばお母さん、いつも帽子をかぶっているよね。お母さんといえば、帽子だよね。健太さん、本当にお母さんのことをわかっているんだねえ」と語りかけた。だけど彼は、まだ食事を受け付けない。そこで（体力的には、ヨレヨレ状態の彼だったが）、一緒に『帽子』を買いに出かけることにした。彼は、素敵な『帽子』を選んで帰園した。職員誰もが、これで食事を食べてくれるものと期待した。しかし、これでも彼は食事を拒否した。ならばと、今度は『帽子』を自分で送ることにし、クロネコヤマトの配送所まで出かけて、母親の元へ届けた。しかし、まだ彼は食事を拒否している。最後の仕上げは、母親への電話だった。

「お母さん、誕生日おめでとう、今迄本当にお世話になりました。今、クロネコヤマトで誕生日プレゼントにと帽子を送りました。明日には届くと思います。僕の気持ちです。どうぞ使ってください。遅くなってすいません」喋ることができない彼に代わって、職員が（この一週間以上に渡って拒食するという行動で伝えようとした彼の気持ちを想像しながら）精一杯通訳する。彼は電話口で、何やら「ワーウー」と唸っていたらしい。そして彼はこの後、十日ぶりに食事をとった。すでに体重は八キロも減少していた。彼の初めての母親への誕生日プレゼントだった。

「どうして母親の誕生日が、入所施設暮らしの健太さんにわかるの？」「誕生日プレゼントをしたいことはよくわかるけれど、なぜ拒食というような、ひょっとしたら命にかかわるかも知れないことを通して、それを伝えようとするの？」という疑問が起きますよね。

家庭暮らしであれば、家族の誰かがふと漏らした言葉がヒントになるかもしれませんが、入所施設では母親の誕生日が話題になるなんてことは絶対にありませんから、障がいの重い健太さんにわかる術はありません。テレパシー？　それとも　超能力？　……なにを非科学的なことを……

僕は、絶対にわかってくれると思うから始められるんだと思うのです。もちろん無意識的にですが……。このことで、職員集団がある意味試されているわけですが、それは信頼の上に成り立っていると考えられます。

いつでも彼らからの宿題は、僕たちがその時持っている能力の、ちょっと頑張れば手が届きそうなところに設定されているように感じます。絶対わからないだろう宿題を、彼らは出さないのです。伝え方が少しだけ無茶苦茶ですが、とても良い奴らなんです。

喋ることができない人にとって、伝える手段はそう多くはありません。せいぜい拒食、てんかん発作……いつでも命懸けです。

それほど人間は伝えるために生まれて来ているということです。

ＹＥＬＬ・エール

達也さんが進行癌と闘っている。睾丸の癌を切除したのは昨夏のことだ。無事に患部を取り去ることには成功したのだが、術後起こるはずのない下肢の運動障がいが生じて、車椅子生活となった。ピョコン、ピョコンと不随意に動く足を前にして、本人もショックだったのだろう。うなだれて伏し目がちになり、暗い表情をして居室に籠る日が続いた。彼は職員を呼ぶことも遠慮して、排泄の失敗も相次いだ。

達也さんは元強度行動障がい者。重度知的障がい、自閉症を併せ持つ。発語なし。大声、常同運動、強度の偏食あり。物の位置、カタログ、電話帳、広告用紙、看板、観光バス、衣類、職員の退庁時間、ゴミ等に強烈な強迫反復行動あり（明星では死語なのだが、いわゆる『こだわり』ってやつ）。達也さんには、こんなレッテル貼りのような紹介で大変申し訳ないのだが、二十年前の彼の大変さを手っ取り早くわかってもらうのには、世間的にはこれが一番早いのだろうと思う。

二十年前、彼の採血には屈強な男性職員三名が必要だった。歯医者はもちろん全身麻酔。レントゲンや脳波検査にいたっては、検査室入室までが限界だった。入ったかなと思ったら飛び出してきて、そこでおしまいになる。数センチの切り傷を負って通院した時には、麻酔を打つどころではなくて、職員、看護師さん方が抑え込む中で、そのまま麻酔なしで縫ったことを思い出す。しかしその糸も、帰園後には、自分でちぎってとってしまうのだった。

それから二十年、達也さんの頑張りと職員の頑張り、そして家族の応援、三者のコラボレーションの結果、達也さんはすっかり変わっていた。点滴注射は看護師さん一名でＯＫ。針先が見えないように保護はするが、何時間にも渡る点滴の時間も腕を動かそうとも、もちろん針を抜こうともしない。レントゲンもＣＴもＯＫ、微動だにしない。このセルフコントロール力こそが、この二十年で達也さんがみんなと一緒になって手に入れたものだ。

達也さんは何を感じ何を伝えたいのか、何をしたくて何をしたくないのか、伝わらないたびに反復強迫行動に走り、職員と格闘した。本当の気持ちが伝われば身体が止まる、というようなことを繰り返しながら、独りぼっちの寂しさと苦しさの世界から、一歩一歩みんなと一緒の、安心の世界へと歩いてきたのだ。セルフコントロール力は、彼にとって決して鍛錬の結果ではない。（見守ってくれている人がいる、こんな僕でもわかってくれる人がいる、だから頑張れる）その結果、手に入れたものだ。

引き籠りがちな彼に職員は声をかける「確かに、歩けなくなったことは悲しいことだよね。こんなはずじゃなかったものね。確かに歩けないことは、不便なことさ。ついこの間まで、達也さんはどこへでも自由に歩いたり走ったりして行けたんだものね。でも歩けないとか歩けるとかは、そんなに大事なことじゃない。車椅子の由美さんや目の見えない沙織さんや真由美さんのこと、達也さんもよく知っていると思うけど、職員の付き合い方は、車椅子じゃない人や、目の見える人と何か違うところがある？　ないよね。ここでは、歩けるとか歩けないとか、目が見えるとか、目が見えないとか、喋れる、喋れないとかで、お付き合いの仕方は何にも変わらないんだよね。それを一番知っているのは、ここでずっと暮らしている達也さんじゃないか。できなくなったことが増えたのは、悲しいことだけど、できなくなったところは、助けてもらえばいいんだよ。またこれからも、ずっと一緒にやっていこう」

達也さんは次第に車椅子を上手に扱うようになり、数ヶ月後にはF1レーサーのように車椅子をブッ飛ばした。そして、助けて欲しい時に職員を呼ぶのがとても上手になった。

そんな達也さんにこの春、癌のリンパ節転移が見つかった。恐れていたことが現実となったのだ。開腹手術か、抗がん剤治療か、ギリギリの相談が続いた。転移巣の大きさは、一・三センチ、リンパ節郭清手術のマニュアルでは、その大きさの上限は二・〇センチ。一方、抗がん剤治療は五日連続の点滴作業、もし抗がん剤点滴の途中で液漏れがあったら、腕が腐ってしまうという……。結局、どちらの可能性も探りながらのS大学病院への入院が決まった。自宅から高速で一時間半。僕たちみんなが、複雑な気持ちだった。

「神様はどうして、こんなに達也さんを苦しめなきゃいけないんだろう？　せっかく行動障がいを克服して、達也さんの幸福はこれからだという時に、一回ならともかく、二回、三回はないだろう」と。

達也さんの入院予定はクラスの仲間にも伝えられて、クラス中が騒然となった（断っておきますが、クラスのメンバー二十名の殆どが、発語を持たない重度精神発達遅滞の方々です）。

児童入所施設A学園以来の同期の大輔さんは、昼、夕の二回、てんかん発作を起こした。話をしていくと、達也さんの入院の件でしっかりと目が合う。

同じく同期の健太さんは、血便が出た。やはり達也さんのことで視線が合う。相談する中で〈一緒に写真を撮って、応援の手紙と一緒に達也さんにあげたい〉とのこと。〈一緒に写真を撮りたい〉ことを達也さんに告げると、達也さんからは「アウ」の返事。良い写真が撮れて「はやくもどってきてね」「頑張ってね」の手紙とともに達也さんの手元に届けられた。これで、大輔さんのてんかん発作も、健太さんの血便も止まった。

亮さんは、普段は一台しか持たないキーボードを、両手に一台ずつ計二台持って歩くようになった。自転車に乗る時には、前のカゴに一台、後ろのカゴに一台乗せている。そして、達也さんが入院したその朝には、玄関の椅子の上にキーボードが二台並べて置かれていた。おそらく（いつも一緒だよ、頑張ってね）の気持ちがこの二台一組のキーボードには込められているのだろう。「亮さん、達也さんのこと応援しているんだよね、ありがとね」の職員の声かけに、亮さんはとっておきの笑顔を返してくれる。

洋平さんは（達也さんに応援の手紙を書きたいと）、紙をペラペラ触ることで教えてくれる。洋平さんの手紙は魚の絵だ。大きな魚の絵を何枚も何枚も描いて、達也さんに持参した。一枚ずつ絵を渡す洋平さん、達也さんはそれをまた一枚ずつ両手を合わせてもらっている。洋平さんの魚の絵は、スイミーの絵本の魚のイメージ、つまり『仲間』の意味だ。（ずっとずっと仲間だからね）と手紙を渡す洋平さんに、一枚ずつ両手を合わせて（ありがとう、本当にありがとう）というようにそれをもらっている達也さん。支援に当たった職員は、その情緒交流の光景を見ていて、鳥肌が立ったそうだ……。

直樹さんは、達也さんの通院帰園後に連続的な弄便、脱衣、大声という行動に出た。そして童謡の『サッちゃん』をよく歌う。「達也さんのこと心配？」と尋ねると、大きく頷く。手紙を書いて、写真を撮って、寄せ書きのようにして、達也さんに持参した。『サッちゃん』の三番は、♪　とおくへいっちゃうってほんとかな　だけど……　さびしいな　♪　である。

香織さんは、何日も迷ったあげくに手紙を書くことにした。それまでは、大声や反復的な質問行動が続いている。達也さんと香織さんは、同じ担任だ。香織さんのこころの奥には、達也さんの病気を強く心配する担任を見て、妬みの気持ちもちょっとあり、それがおそらく手紙を迷っていた原因だろう。自発的に手紙の文章なんか今迄書くことができなかった彼女が、すごい勢いで書いていく。（スタートインター！）（いんさつです！）（でーかい　おおきな　はんかちょーぅ！）（ラミネーターまち！）（でーかい　おおきな　はんかちょーう！）（スタート　インター！）（いんさつです！）文章の横には、黒い三つ目小僧と戦う、女の子の姿が描かれている。

さすがにこれには、通訳が必要であろう。では、こんな通訳はいかが？

（達也さんへ、もうすぐ入院スタートだね。私は学園で待っているよ。大きなハンカチじゃないと、涙がふきとれないくらい悲しくなります。達也さんの中の悪い奴、私もやっつけるのを手伝います）

みんなのこころ強い応援をもらって、達也さんは今でも、癌と闘い続けている。

例題2

何日も原因不明の下痢が続いていたけど、新しいDVDレコーダーを買いたいと伝え、それがすんなりと承認された時に下痢が止まった方の気持ちを推測する

「下痢」→消化されない、わがままな想い、恐怖、怒られ不安
⇒新しいDVDレコーダーが欲しいなんていったら、だめ！　と怒られるかも知れない。でも怒られなくて良かった。これでお腹が痛くなくなった。

例題3

急な面会のキャンセルの後、膝が腫れ痛くて歩けなくなる。その後、面会日の再調整ができ、面会日が決まると痛みが引き歩くことができるようになった方の気持ちを推測する

「膝が痛い」→一人で歩けない、治療して欲しい、甘えたい、助けが必要
⇒もう面会がなくなったと絶望的な気持ちになったけど、みんなが助けてくれて面会日が決まった。また元気が出て人生を一人で歩いて行けそうな気がする。

例題4

父親が入院した。電話でお見舞いに来なくてもいいと言われたその夜にしゃっくりが出始めてなかなか止まらなくなった。電話では、わかったと言ってしまったけれど、職員が相談に乗ってくれて、明日もう一度お見舞いに行くことを頼んでみようということになった。その後しゃっくりが止まった方の気持ちを推測する

「しゃっくり」→つまっているものがあるが、なかなか吐き出せない
⇒電話ではお見舞いに行きたい想いを我慢して、わかったと言ってしまったけれど、やっぱり本音はお見舞いに行きたい。でも1回、わかったと言ってしまったのを違うと言い出すのには勇気がいる。その気持ち吐き出したいけどなかなかできない。あぁ、でも言えて良かった。すっきりした。

課題

4 身体表現として現れる気持ち

行動のあるがままを感じるという方法

目　的

多くの重い知的障がいがある方々には、言語という表出方法がありません。では「伝えたいことがないか？」といえば、それは違います。考えもし、感じたりもしているのですが、ただ発信、伝達という方法において、限りなく術がないということに過ぎないのです。

ではそのような時、人はどのような方法を用いて、気持ちや考えを伝えようとするのでしょうか。竹内敏晴氏（1925~2009）はその著書『からだが語ることば』（評論社　1982）の中で、［話しことばが沈黙した時、からだが語り始める］と説き、現存在分析の創始者ビンスワンガーの症例理解の方法を紹介しています。

それは、「吐く」という行為を「からだのことば」として理解し、人が対象を受け入れないさまを語っているというのです。摂食障がいや周期性嘔吐の症状である「吐く」という行為は、受け入れられない対象があり、それを言葉で伝達できない（言語化できない）時に、まさにこなしきれない（消化できない）さまとして表現されるというのです。

この理解方法は重度知的障がいの方々とのコミュニケーションを進める上で大きなヒント、アイディアを提供していると思われます。「高熱が出る」「しゃっくりが出る」「膝が痛い」「足に力が入らない」「飲み込みが悪い」「唾を吐く」「便秘」「下痢」等、彼らが示す身体症状は多様で、上げたらきりがないほどです。それをそのまま「からだのことば」として理解してみる、現象を現象としてあるがまま理解してみる、この方法は彼らの本当の気持ちに近づくことができる近道なのです。

例題 1

便秘が5日間続いた後、面会日が決まったら排便があった方の気持ちを推測する

「便秘」→出ない、我慢、溜める、不安　「排便」→出る、すっきり

⇒面会日を決めてくれないかなあ、とずっと我慢していたけど、面会日が決まって本当に嬉しい。

第5章

家族という名のゆりかご

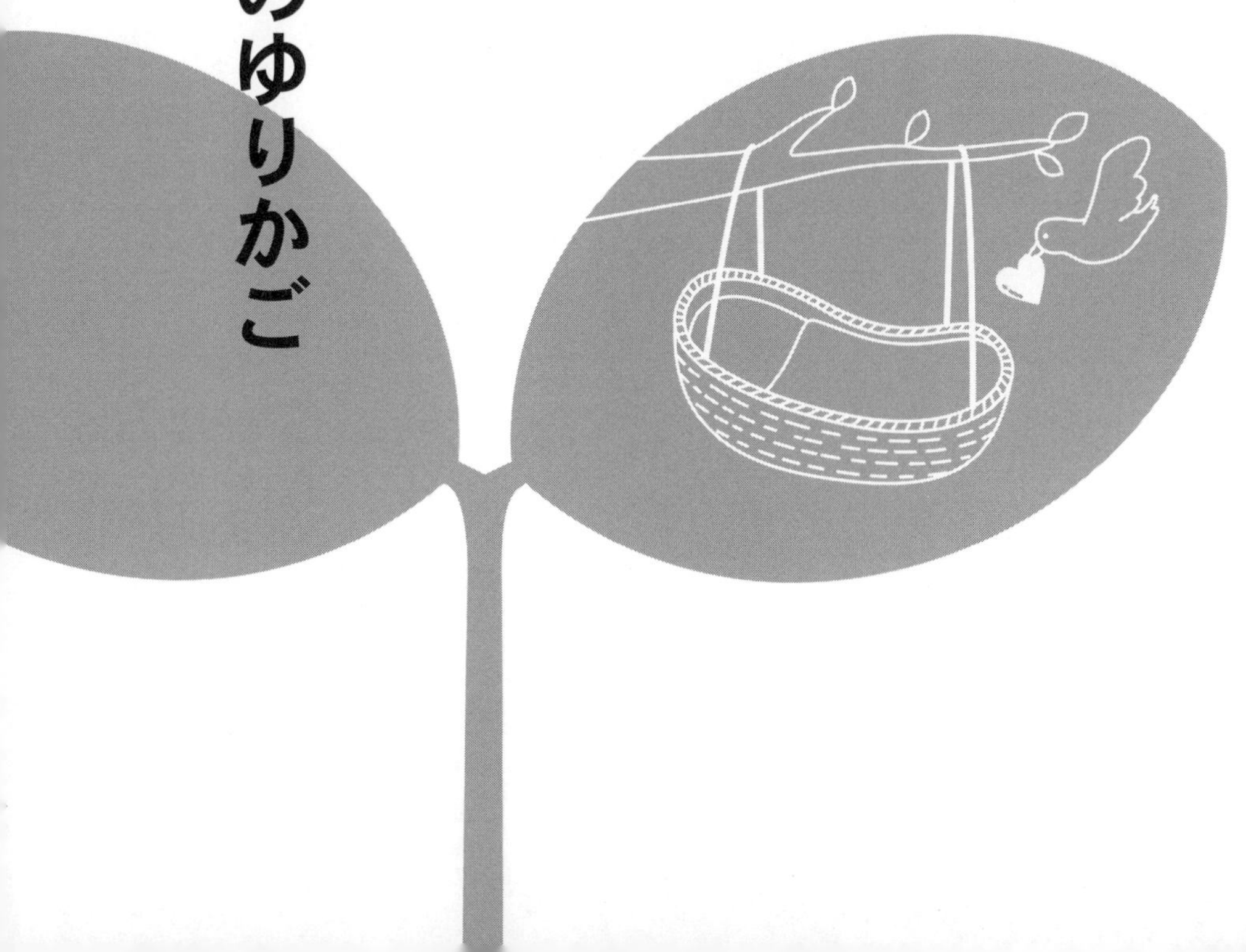

【父を大切に想い、母を慕う】

知的障がいがある我が子をそばに置いたまま、若いお母さん同士が話す。

「本当に大変で……」

「何にもできないのよ、いつまで経っても……」

「昨日も寝てくれなくて、もうがっかり……」

世の常識では、〈知的障がいがあれば自分の障がいのことはわかってないだろう〉〈難しい会話の内容はわからないだろう〉ということになっているので、こんな会話を子どもの聞こえるところでしてしまうのは、今世の日本ではしょうがないことなのだろうけれど、実はこの話を聞いている子どもにとってはこんな会話は一大事である。また、そんな会話を何回も聞かされるたびに、子どもの頭の中ではグルグルとネガティブな連想ゲームが始まってしまう。

「私がいることでお母さんを苦しめている」

「私さえいなくなればお母さんは幸せになれる」

「私はお母さんに迷惑ばかりかけていてお母さんを助けることを何にもできない」……。

だから彼らは、自分のこころを閉ざすようになる。ほんのちっちゃな希望でさえも、伝えられなくなる。

「だって自分は、毎日大変な苦労をお母さんお父さんにかけている人だから。これ以上の迷惑をかけちゃいけない」と、ほんのちっちゃなわがままを伝えなくなる。でも彼らは知っている、そして受け取っている。父や母の一生懸命を。自分一人では生きていけないこの生きざまを、ずっと支え続けてくれたその一生懸命を。こころの行き違いもあったろう、伝わらなかったことも多かったに違いない。無理矢理な期待に傷ついたこともあったろうし、思わぬ暴言にこころ折れたことがあったろう。しかし、彼らは父を大切に想い、母を慕うのだ。

それは、好むと好まざるとそこが自分を育んでくれたゆりかごだからだ。楽しい思い出も辛い思い出も、それらみんなが詰まったところ、そして忘れられないところ、それが家族なのだ。

父さん母さんと、電車に乗った日

三十歳を迎える大輔さんの半生は、繰り返し襲うてんかん発作との戦いの歴史だ。時には重積発作を起こし、入退院を繰り返したことが過去十五年の間に何度もある。

てんかん発作のたびに彼の食欲は減退し、睡眠時間は逆転し、時に意志とは反対に動き続けてしまう身体は、鎮静剤や安定剤、睡眠剤でも止めることができなかった。固く閉じた口は、どんなに押し込んでも食事を受け付けず、スプーンを強く噛んだまま何十分もギョロリと職員を睨む目だけが、彼の確かな意志を伝えていた。

「どうしたの？　食べないの？」と瞳を覗き込めば、電光石火の平手打ちが職員の頬を襲った。今になって初めてわかるのだが、彼は怒っていたのだ。ずっと、ずっと、ずーっと……【職員の無理解】を……。

何ヶ月も続く、入院先の介護者用ベッド上の彼を見て、何度も母親は思ったはずだ。

(こんなに苦しむんだったら、いっそ死んだほうがましなんじゃないか）……と。

父親だって兄弟だって思っていたはずだ。

(どうして病気が良くならないの？　専門の病院にだってかかっているし、専門の施設だって入れているのに）……と。

二年前の四月、確認されているだけでも、一ヶ月で三十数回のてんかん発作が大輔さんを襲っている。（季節の変わり目だから）（担任が代わったから）……私たちの大輔さんを理解する目はまだまだこんなものだった。

発語を、コミュニケーション手段として用いることができない彼の生きざまを（しかも言われていることはわかっているのだから尚更）、その悲しさを、その辛さを、どれだけ共感的に感じ取ることができていたのだろうか。重い知的障がいがある方々にとって、行動全てがなんらかの気持ちを伝えようとする発信であると一方では感じていながら、彼のてんかん発作は、その難治性と数の多さから例外とされていたのだった。私たちの彼に対する態度は、彼の人格を全く軽んじた、彼の人生を全く敬愛しようともしない、百点満点の〇点であったのである。

細やかな試みが始まった。

（うどんが好きだから）と、（外食といえばうどん屋）とステレオタイプに、職員が無意識のうちに決めていた外食メニューを、返事があってもなくても彼に「今度の外食のメニュー、ねえ、どうする？」と尋ね続けること。たとえ不眠、多動、夜間徘徊に陥っても、極力身体拘束や安定剤の服薬を廃し【お心主義】の基本に沿って丁寧に、そのいても立ってもいられないという気持ちに添い続けること。

そんな僕たちの遅かりしといえども新しい係わりに、さっそく彼は答えをくれた。

母親の面会日の後、てんかん発作が止まらなくなるのである。日に三回、四回と、てんかん発作が続く。ここにきてやっと僕たちは彼のてんかん発作を、彼に内在する心配や不安、葛藤や切なさの発信である、と考えることができるようになっていた。仮説の構築が始まった。保護者の面会日には今迄、父親と母親とが揃って来ている。ところが今回は、母親だけの面会である。（お父さんにも会いたかったのか？）その線に沿って実践が重ねられるが、状況が好転しない。きっと、そんな単純なことではないのだ。

知的障がいがある多くの方々は、自分のことを否定的に捉えていることが多い。そんな方々は全ての出来事を、自分にとって悪く悪く、被害的に捉えることが多い。それなら（お父さんが面会に来なかったのは自分のことを嫌いになったから？）と考えればどうだろう。今度は、その仮説に従って手が打たれた。まず母親に電話した。

「お父さんは会いに行くのがイヤで、行かなかったんじゃないよ。仕事だったんだよ」次に父親に電話した。「ごめんな、仕事だったんだよ、次は絶対行くからな、お父さんも会うのを楽しみにしているよ」これで彼のてんかん発作は止まった。

「ねえ、どうする？」と彼に尋ねる支援を始めて半年、応答の選択方法は、口答からカード使用へと進化していった。そしてある日、職員が叫んだ。「わかったんです。彼の（イエス）の意思表示は、目を大きく見開くことです」と。うどん、刺身、カツ丼、唐揚げ……。いくつかの（写真でできた）メニューカードを、彼の前に順番に提示し「今度の外食なにを食べようか？」と尋ねると、確かに彼は、食べたいメニューの時にカッと目を見開いた。選択がうまくいき、外食の形が彼の希望通りになればなるほど、確実にてんかん発作の数は減っていった。

六月下旬。大輔さんは力なく、床に横たわり続けた。食事も拒否した。歩けるはずの身体に全く力が入らないのである。目は、うつろに宙をさまよった。職員の指し示す写真カードにも、無表情な視線を向けるだけだった。職員は焦った。もうすぐ面会日なのだ。一ヶ月に一回しかないその面会の形を、彼の希望通りにしようと一生懸命だった。しかし彼には返事ができない……彼は次の幸福を探していたからだ。既存の写真カードには（きっと）、彼の探している幸福のかたちがないのである。答えの見つからない職員は、この半年の実践を振り返り、その中から次の幸福を探し出そうと試みた。

「彼の幸福は、お父さんとお母さんと自分の三人が、揃って仲良く過ごすことにある」

「彼の幸福は、自分の決めたメニューで外食することにある」

「彼の幸福は、電車に乗ること・電車を見ること・電車の本を買うこと・電車のビデオを見ることにある」……。今迄にわかった彼の幸福のかたちだ。考えた末、職員は一つの提案を彼にした。

「今度の面会日には、お父さんとお母さんが一緒に来るよ。いつもと同じように、美味しい物を食べに行こうね。きっと、みんなで楽しめると思うよ。そしてさもう一つ、お父さんとお母さんに、お願いごとをしようと思うんだけどいいかな？　お父さん、お母さんと一緒に、電車に乗ってみようよ」彼の表情がピクリと動いた。

「大輔さん電車大好きだよね、それはみんな知っているよ。何回も何回も、乗りたいと思っているよね。でも、大輔さん車椅子だから、電車に乗りたいなんてことを言うのは、お父さんやお母さんに迷惑がかかるから、頼んじゃいけないって思っていなかった？」「大丈夫、きっとお父さんもお母さんも、大輔さんの希望をかなえてくれるよ。勇気を出して頼んでみようよ、初めてのお願いをしてみよう。職員も手伝うよ」彼は目をカッと見開いた。

彼が、お父さんやお母さんと「電車」に乗ったその日から、半年を過ぎようとしている。

彼のてんかん発作記録簿には、六月からずっと「発作ゼロ」の数字が並んでいる。さらに、この十一月には、ずっと服薬し続けていた睡眠剤が、必要無くなった。

彼の、やり場のない怒りは、今少しずつ溶け始めている。

僕たちも、彼の幸福を支えるために進化を止めない。それが彼の【怒り】に対する、せめてもの償いだ。

「父親もまた大切なもう一人の親」であったということ

隆司さんの母親が、およそ一ヶ月の予定で入院した。そのために、長い間続けてきた二週間に一度の帰省は、都合二回飛ばされた。これがことの始まりだった……。

一月中旬、母親の入院を知らされた時に、担任はいつもの手順で、隆司さんに事の流れを説明した。ここ数年間に彼がここでの生活に馴染み、獲得してきた情報処理手段は、帰省日や帰園日そして外出日を伝え示すカレンダー・外食でのメニュー選択のためのカード使用・帰省時、家庭での日課を伝えるためのカード使用……などがある。それらを駆使して、僕たちは彼に入院についての説明を試みた。今迄に培った情報処理能力からすれば、これから起こる母親と自分の身の上の変化を十分理解し、対応できると考えたからだ。〈入院がいつから始まるか〉ということ、〈クラス旅行には母親が一緒に行くことができず、父親だけになる〉こと、そして〈母親の退院予定〉〈その後の一ヶ月ぶりの帰省の予定〉を、カレンダーにシールを貼ることで、彼に伝えた。彼は、いつものようにお腹を右手でポンポン叩いて、僕たちに了解のサインを送ってくれた。

何もかもが上手に伝わっていたはずであった……たった一つのことを除いて……。

何事もなく最初の一週間が過ぎた。

「隆司さん、お母さん入院しているから、今週は帰れないんだよ。お母さんの病気が治って退院したら、またたくさんお家に帰ろうね」そんな慰めで僕たちの支援は終始していた。

次の週末を前にして、彼をてんかん発作が襲った。数年ぶりの（転倒を伴う）大発作で頭部を裂傷し、五針を縫う大怪我を負った。しかしながら僕たちは、このてんかん発作の原因を（安易にも、その週末に母親が元気でいれば、帰省ができただろう日程に当たっていたことで、母親の長期入院と、そのために帰省が遠のいていること）に求め、彼の本心を探求することを怠ったのである。

さらに次の週末、一泊二日のクラス旅行があった。入浴も・食事も・睡眠も、僕たちの心配をよそに、順調過ぎるほどに経過した。てんかん発作も・大小便の失敗もなく、施設入所以来（二十年間で）初めて、母親が行事に参加しないことが嘘であるかのような、立派な態度の隆司さんだった。この旅行に引き続いて帰省した人は、クラスの三分の一で六組を数えた。

「隆司さん、今日は家に帰れないんだよ。お母さんが病気で入院しているでしょ？　もう少し我慢すれば、お母さんの病気が治って、そしたら帰れるからね」面会に訪れた父親と別れた後、彼はフロアーのコタツに頭までもぐり込んだ。少し様子がおかしいのに気づいた職員がコタツの中を覗くと、彼は隠れるようにして涙を流して泣いているのだった。僕たちが彼の涙を見たのはこの六年間で二度目であり、さらにこんなにさめざめ泣くのを見たのは初めてのことだった。

思い通りに事が運ばない時に地団駄を踏んで怒っていた六年前、その頃は服を脱いで真っ裸になってばかりいた。自分の服も・他人のおもちゃも・枕やビデオテープも窓の外に放り出していたその頃、彼は怒りを通してだけしか自分の気持ちを外界へ伝えられなかった。そんな彼が今、寂しさに耐えかねて、しかもその姿をみんなに見られないようにして泣いている。【寂しい、辛い】といって泣いている……。

ここまでされて、僕たちの支援はやっと彼のこころに向かい始めた。

（彼は、帰省できないことだけで泣いているのか？）（母親が行事に参加できなかったことだけで泣いているのか？）（彼が見せたこの涙は、そんなことを伝えるだけのためのものなのか？……）確かに隆司さんは甘ちゃんだ。過去にお母さんべったりの時を、長らく送っている。六年前、毎晩のように母親に電話をして、それを子守唄のようにして眠っていたのも彼であるし、職員と一緒でないと安心して大便をできなかったのも彼だ。しかし今回、帰省できないと決めたのは誰で、母親が行事に参加できなかったことが寂しいことなのだ、と判断したのは誰なのか？

彼は旅行で一泊二日の長丁場、ずっと優等生だったのだ。心配していた父親に、迷惑らしい迷惑を殆どかけていないのだ。本当に寂しかったら、そうはならないはずだ。彼が頑張ったのは何のため？　父親に（僕はもう立派なお兄さんなんだよ）と伝えるために、彼は頑張ったんじゃないのか？　帰省できないと決めたのは、彼じゃない。母親がいなければ、家になんか帰りたいと思わないだろうと、勝手に判断した周りの人間（母親、父親、そして僕たち職員）が、帰省を彼から取り上げたのだ。

隆司さんは（お父さん一人のお家でもいいから、帰りたいんだ）と、言いたかったんじゃないのか。（お母さんばかりが親じゃない、お父さんだって僕の親じゃないか）（お父さんのことだって、僕は頼りにしているんだよ）（お父さんのことが大好き）（お父さん一人の家に、帰っちゃいけないの？）彼はこう言いたかったんじゃないのか。一泊二日の旅行で彼が優等生だったのは（お父さんと二人だけでも、こんなにできるんだよ）（家に帰ったって迷惑をかけないよ）というメッセージではなかったのか。

ここまで考えて、やっと彼の涙の理由がすっと僕たちの胸に落ちた。

さっそく僕たちは隆司さんに尋ねた。

「お父さんが一人でもいいから、お家に帰りたいんだよね？」彼は勢いよく、何回も何回も右手でお腹をポンポンと叩き続けた。今度は父親に電話である。

「そうですか、隆司がそんなことを言っているんですか？　私もここのところ考えていたんですよ。妻がこうして入院して、いろいろ全部自分でしながら、万が一の時には、隆司のことを自分一人でも見ることができるように、なってなくちゃいけないんじゃないかって。いい機会なので挑戦してみようと思います。仕事のこともあるので、もう一回隆司に気持ちを確認してもらって、隆司が良いというなら、お父さんはＯＫだと伝えてください」僕たちは、もしかしたら断られるのではないかという一抹の不安を吹き飛ばすかのような返事をいただいて、動き出した。もちろん隆司さんに、異論があろうはずがない。息子の帰省の希望に、無理を押して仕事上の社会的な信用までも犠牲にし、仕事をキャンセルしてかけつける父親の姿があった。五針の傷を作ってまで、コタツに頭を突っ込んで泣き濡れるほど伝えたかった父親への想いを、行動を通して伝えようとした隆司さんの勇気に、誠意を持って応えている父親の姿がここにあった。

この日からの一泊二日の帰省は、パジャマの着脱・オムツの交換・夜尿シーツを敷布団にかけ……夕食の準備・朝食の準備……と、父親にとって初めてづくしの二十四時間だった。幸い隆司さんは父の作った食事を全部を平らげた。そしてあげくの果ては、小便と大便の失敗をし、慌ててお風呂へ駆け込む……その何もかもが、大忙しの二十四時間でもあった。最後は隆司さんからオシッコのサインが出され、トイレで大小便とも大成功する。その後、彼は父親の手を引いて、自分の部屋に連れて行き、おもちゃで一緒に遊べと誘ったそうだ。

ちゃんと最後にはお返しがあるものです。
そんな隆司さんはやっぱり優しい心根の持ち主なのです。

我、長男なり

大輔さんの父親が亡くなった。白血病の宣告を受けてからわずか二ヶ月ばかり後の出来ことだった。二ヶ月前に僕たちは、大輔さんとお父さんと妹さんとで、医師からの情報を共有している。

お父さんは十二月、極度の食欲不振と身体のだるさを訴えて通院した。そこで受けた診断は「すでに手遅れの白血病」であり、「延命措置は可能だが治療の方法はない」という宣告だった。「十二月末まで持つかどうか、輸血をすれば延命できるが、いつ何が起こっても不思議ではない」状況であることを説明されている。「大輔には、どのように伝えたら良いでしょうか？」という妹さんからの相談に、僕たちはこのように答えている。

「今迄も大輔さんには、たくさんのことを包み隠さず伝えて、相談してきました。おばあちゃんが亡くなった時も、お母さんが倒れた時も、そうしてきました。その都度、病院にお見舞いに行ったり、お葬式に参加したり、お墓参りに出かけたり……。その全てを大輔さんは受け止め、時にはその出来事の大きさを受け止めきれずに、てんかん発作が誘発された時もありましたが、確実にそれを乗り越えて来られました。大輔さんの意志を家族の皆さん全員が受け止め、たとえ家族の皆さんの意見に背くようなことを、大輔さんが言った時でも（せっかくの家族旅行の誘いを、遠過ぎる、長過ぎると断ろうとしたこともありましたね）その気持ちを、一人前の大人の意見として大切にしてくださった家族の歴史は、考えられないほど大きな前向きのエネルギーを、大輔さんに与えていると思います。今の大輔さんだったら、きっとお父さんの病気のことを受け止められると思いますし、教えて欲しいと思っているのではないかと思います。確かに、てんかん発作が重積になる可能性はあると思います。でもそこは、私たちが責任を持ってケアさせていただきます。包み隠さず大輔さんに全て話して、お父さんがもうすぐ亡くなってしまうことを理解した上で、こころの準備をしていくことが良いと思います」

次の面会時に、お父さんと妹さんとで直接大輔さんにその内容を伝えることが決まった。

面会は二週間に一回程度と決めている。「お父さんと妹さんが、一緒に来ることができるようであれば学園に来ていただき、お父さんの体力が低下し、妹さんの都合もつかないようであれば、職員が大輔さんを伴って実家を訪ねる」という形で、実施することにした。

また年末の帰省は、家庭の負担を考えて宿泊なしという方法もあったが、これが最後の年越しになるだろうということで、一泊での帰省をすることに決めた。そして面会や帰省時には、たくさんの写真とビデオを撮影することを相談した。大輔さんと職員が家族の思い出を共有できるようにと、家族の思い出が詰まった今迄の写真の数々を、スライドに編集して、ＤＶＤプレーヤーで見ることができるように準備した。そしてカウントダウンが始まった。

ご両親が元気だったある時、車椅子に座っている大輔さんを挟んで、父と母が大きな声で言い合いを始めた。仲の良いご夫婦だったから、決して夫婦喧嘩ではなかったのだが（僕のことが原因でお父さん、お母さんが喧嘩している）……間に挟まれた大輔さんをてんかん発作が襲った。ちょうど通りかかった僕は、声をかけた「大輔さんが、お父さん、お母さん、僕のことで喧嘩しないで、とお願いしていますよ」それは、一年ぶりのてんかん発作だった。彼は帰省時に、度々服薬拒否をしている。断固として抗てんかん剤を服薬しないのだ。かといってそれは毎回のことではなく（情報を集めると）父親が酔っ払っている時には服薬を拒否することが判明した。（お父さん、お酒飲まないで。せめて僕の帰省している時くらいは、お酒我慢して欲しいな……）という願いが通じて、父親がお酒を飲まない帰省時には、彼はしっかり服薬して帰園した。彼は命を懸けて父の飲酒に抗議をしていたのだ。父親の酔っ払い姿を見るのもイヤだったのだろうが、おそらく健康を心配してのことだったのだろう（お父さん、元気で長生きしてね）……と。

おばあさんが亡くなったのは十二月三十一日で、奇しくも大輔さんの帰省日だった。家へ帰ったら、そこでおばあさんが亡くなっていた。（僕って家へ帰って来てはいけないんだろうか?）そんな考えが、頭にこびりついたまま離れなくなった。

お母さんが倒れたのは、大輔さんの排泄介助の最中だった。お母さんが倒れたのを大輔さんは目の前で見ていたことになる。脳溢血だった。（お母さんは僕のせいで倒れた……）彼がそう固く思っていても不思議ではなかった。その後に癌の闘病生活となり、大輔さんが病院へお見舞いに行った翌朝、お母さんは亡くなった。お母さんの最後の気がかりは大輔さんだったに違いないだろう。

父親の訃報が届いたその夜、同僚である洋平さんの、大声が止まらなくなった。聞けば、大輔さんのお父さんが死んでしまったことを口にしている。夜勤の職員が、大輔さんの居室に洋平さんを誘うと、おもむろにやってきた洋平さんは、必死に大輔さんに話しかける。「お父さん死んじゃった……、お父さん死んじゃった……」しかし大輔さんは、繰り返される話しかけに拒否もせず、うるさがりもせず、目をまん丸くして耳を傾けている。そのたびに頷くようにして、その話を聞いている。その精一杯の話しかけに、励ましの気持ちを感じているのだろう。洋平さんは（そんなことをしたことが、今迄一度もないのに）眠りに入った大輔さんの横で、添い寝するかのように横になって一時間半ほど過ごし、その後自分の居室に戻った。二年前に母親を事故で急に亡くしている、洋平さんの見せた優しさだった。そして、その優しさをしっかり受け止めることのできる大輔さんがそこにいた。

大輔さんのお別れの言葉が始まった。てんかん発作を心配して、彼の両脇を付き添いの職員が固めている。もちろん彼は喋ることができないから、お別れの言葉は（○×カードと表情カードを用いて）担当職員と共同で作成し、職員が代読した。

「お酒を飲んでいるお父さん、タバコを吸っているお父さん……旅行に連れて行ってくれたお父さん……、僕が初めて仕事をして、貯めたお金で買った帽子を、とても喜んでくれたお父さん……、いろいろなことがあったけど、どんなお父さんもみんな好きです」……参列者の涙を誘った。

そして精進落としの時を迎える。彼の日常の精神力や体力を考え、参加できるところまで参加して、てんかん発作が起きそうになったり、落ち着かないような状況になったら退席するという事前の約束だった。が、大輔さんの大好物のウインナーソーセージが特別に用意されるという破格な待遇と、家族や親戚の皆さんが大輔さんの元に訪れ「大たん、大たん」と声をかけてくれる温かさに包まれて、彼はいつまでも退席しようとしなかった。そして、散会になっても彼は帰ろうとしない。関係者がそれぞれ家路につき、親戚一同がマイクロバスに乗車して、出て行くそのバスを見送るようにして、彼はやっと学園に戻る車の方向に歩み出した。

彼にはお嫁に行ったお姉さんがいて、いつも面倒を見てくれている妹さんがいる、真ん中に挟まれた長男だ。本来なら長男である彼が、喪主を務めるはずの役回りだ。もちろん彼には世間で言うような喪主は務まるはずもない。しかし僕には、彼が今できる精一杯を、長男として果たそうとしたのではないかと思える。お別れの言葉の時の立派な立ち姿、葬儀の開始から火葬場での時間と精進落としまでの完全参加、そして親戚一同の皆さんが乗るバスの見送り……一言も発することができない彼なのだが、なされた行動は喪主そのものだろう。

（皆さん、本日は、本当にありがとうございました。僕はこうして明星学園で元気にやっています。そして明星学園には支えてくれる仲間もいます。どうぞ安心してください。姉、妹ともどもこれからも宜しくお願いします）

という大輔さんの期待に、僕たちは応え続けることができるだろうか？

故郷の味、おふくろの味

『故郷の味』とか、『おふくろの味』なんていう言葉がある。不思議なもので、しばらく食べないでいると妙に食べたくなったり、寂しい気持ちの時なんかに食べると妙にホッとしたりする。どこかの誰かと（何かと）つながった感じがして、優しい気持ちになれるのだろう。もちろん人それぞれ生きてきた歴史が違うのだから、選ばれるメニューは個々に違うのだろう。信州人ならば『故郷の味』は蕎麦だったり、一昔前だったら漬け物や味噌汁が『おふくろの味』だなんていう人はかなり多かったのではないだろうか……と思ったりする。

もう十年以上前のことだが、徹也さんの手を噛む自傷が止まらないことがあった。今度の帰省で何をお母さんに作ってもらおうか、という相談の時だ。もちろん一言も喋ることができない彼なので、職員の観察力と想像力だけが頼りのやりとりになる。何を尋ねても彼からは（ＹＥＳ）の返事が戻らず、職員は途方に暮れた。しかし、追い詰められれば人間の記憶も蘇るものだ。誰かが「母親が確か手作りのうどんが得意だと言っていた」と思い出したのだ。彼にもう一度尋ねる「あのさあ徹也さん、確かお母さん、手作りうどん得意だったよね。ひょっとして今度お家に帰った時に食べたいのは、お母さんの手作りうどんなの？」彼の身体はサッと緩み、ニコッと笑って自傷が止まった。

そのことを母親に伝えると「そういえば昔よく作ったねえ。徹也、大好きなのよね。そういえば最近作ってなかったねえ。ちょっと手間がかかるからね」そんな答えが返ってきた。

そのちょっと後だと思うのだが、こんなこともあった。陽子さんが帰省を前にして服を噛み、破ってしまうことが止まらないのだ。この時も、何を聞いても駄目で、一日に何枚もの服が犠牲になった。そのうちに胸を掻きむしるような自傷が始まった（この自傷の形は初めてだった）。この時、彼女の伝えたい想い・伝わらない苦しさは、極限まで来ていた。担当職員がもう一度、彼女が好きそうなメニューをあげていった。「パン？」と聞いた時彼女がかすかに笑った。「そうなの？　じゃあサンドイッチ？」これで彼女の身体の力が抜けた。母親に電話すると「サンドイッチねえ。卵サンド大好きですよ。そういえば最近作ってなかったねえ。ちょっと手間なのよねえ」という答えがあった。これで彼女の自傷も服破きも止まった。

徹也さんにとっての『手作りうどん』も、陽子さんにとっての『手作りサンドイッチ』も、共に『おふくろの味』なのである。さらに、ちょっと手間がかかるところが『おふくろの味』の『おふくろの味』たる所以なのだ。そういえば、由貴子さんのおふくろの味は『おはぎとソーメン』だったし、浩介さんにとっては『白菜の漬け物』だった。帰省先が遠い由貴子さんと徹也さんは、母親に面会時に持参してもらっては、少しずつ宝物のようにして食べた。精神安定剤よりもはるかに効くこころの栄養剤だ。

一方『故郷の味』にはこんなエピソードがある。

裕子さんは、お盆を前にして「バス！　バス！」と大声を上げ続けている。昨年まで必ずお盆には、高速バスに乗って帰省していた彼女だが、今年は母親の入院でなくなってしまったのである。もちろん原因は、家に帰れない、母親に会えない寂しさにある。そこで僕たちは考えた。彼女の故郷はS市で、ぶどうの名産地だ。さっそくぶどうを買い込んできて、毎食後のデザートにぶどうを食べてもらった。眠ることができない暑い夜には、冷凍庫で冷やしたものを飴のようにしてなめた。その後、彼女の大声は聞かれることがなかった。

食べ物とは不思議なものだ。単に、身体のエネルギーを補給するためのものではないようだ。エネルギーとなる糖分や蛋白質を吸収するだけでなく、どうやら同時に【愛情】や【人間関係】をも吸収するらしい。『手作りうどん』や『手作りサンドイッチ』には、母親に愛された（大切にされた）記憶が付着しているのだろう。その時の美味しかった快感、母親や父親の笑顔、家族としてのほんわかした一体感や安心感、全てが付着しているのに違いない。手作り料理を食べる時、その全てを身体が吸収しているのだろう。だから穏やかな、満足した気分になれるのだ。

同じような効能は、一般的に家族を連想させるような料理にも感じることができる。家族みんなでつつく鍋料理、分けあって食べる誕生日のホールケーキ、お正月に揃って食べるお雑煮、たこ焼き、ホットケーキ、そしてバーベキューや焼き肉……。ポジティブな家族団欒のイメージが、それらの料理に付着しているのだ。だから実際に家族と食べなくても（したくても、それが不可能な環境に置かれている方々は、いっぱいいる）、職員と食べるだけでも、十分家族を味わうことができるのだ。

洋平さんには、父親も母親もすでにこの世にはいない。叱られっぱなしだった彼の人生は、家族団欒の経験が薄いであろうことが想像された。おそらく家族が揃っても、ホッとした安心感はそこには乏しかったのだろう。ある時彼は外出で『たこ焼き』を買ってきて、職員に振る舞った。その行為に、職員はピンと感じた。これは、今迄乏しかった家族団欒を、自分で埋め合わせようとする努力なのではないかと。

それから三年、今では『たこ焼き』が、彼にとってかけがえのない幸せ獲得ツールだ。寂しい時にも『たこ焼き』、新しい出会いの職員とも『たこ焼き』、さらに仲間として仲良くやっていこうという時にも『たこ焼き』、昭和の時代、「なにはなくても　江戸むらさき」なんていう桃屋のＣＭがありましたが（古い？）、洋平さんにとっては、なにはなくても『たこ焼き』なのである。

達也さんにはこんなことがあった。洋平さんと同じように、達也さんの成育歴からは家族団欒の経験が乏しいように感じた。彼は、五年ほど前に車椅子生活になってからは、本人が家庭の負担を考えて帰省を見送っていたことから、尚更に家族の団欒は不足しているように感じられた。そこで考えられた支援が「週に一回日曜日に、休憩で昼食をとっている職員と一緒に食べる」という方法で、それを『団欒の時間』と称した。彼は始め急いで食べて、あっという間にその時間を終わりにしたがった。そのうちに、ゆっくり職員と過ごすことができるようになる。職員がうっかりして『団欒の時間』の実施を忘れたりすると、大きな声を出しながら反復行動をすることで、それを教えた。達也さんは、超がつくほどの偏食の持ち主で、給食メニューの殆どを食べることができない（それを三十年以上も続けていた）方だったのだが、次第に偏食が緩みだし、職員の食べている給食のメニューに手が出るようになっていき、今では多くの給食メニューを食べるようになった。家族団欒の雰囲気での食事が偏食を変えた、という事例だと僕は思っている。

ホットケーキも魔法の食べ物だ。まさに甘え感たっぷりのメニューである。柔らかくて甘い……そして手作りだ。その人気が高い証拠に、ホットケーキを題材にしたたくさんの絵本が、時代を越えてベストセラーになっている。古くは『ちびくろサンボ』（ヘレン・バンナーマン著　出版社多数）・『ぐりとぐら』（中川李枝子・大村百合子著　福音館書店　一九六七）、それに『しろくまちゃんのほっとけーき』（わかやまけん・もりひさし・わだよしおみ作　こぐま社　一九七二）いずれも発刊以来四十年を越えるベストセラーだ。

一緒にホットケーキを作り、一緒に食べて、残りはみんなに分配する。この共有という経験が、団欒気分と相まってこころの豊かさを育んでいるようだ。仲間、友達、そんな気持ちを醸成することができる。

陽介さんは、多くの職員（特に女性職員）とホットケーキ作りを経験することで、幼い時に亡くした母親と、育んで来ることができなかった愛着を補っているかのようだし、健二さんは、母親とホットケーキを一緒に作ることによって、今ある自分を（そのあるがままを）母親とともに受け入れる作業をしているようだ。

人生は【愛着】という土台に支えられている。これは定型発達者であっても、知的障がい者であっても変わらない真実だ。しかし残念なことに知的障がいのある方々は、この不足を、自分一人で埋め合わせる手立てを、講じることができないことが多い。

そんな時に大いに役立つのが食事である。たかが食事と思わないで欲しい。【愛着というこころの栄養剤】をとっている、と思って欲しいのである。

①「仮面ライダーが好き」という人は、何をしたいか？　何をしてもらったら嬉しいか？　を想像します。その想像結果が正しいか、正しくないか、できそうか、できそうもないかなどを考え始めると想像の翼が縮んでしまいます。自由な想像の練習をしているので、学校的な答え合わせの感覚を捨てて思い浮かんだものを自分の中で否定しないで、次々と表現していきましょう。

【例】仮面ライダーの絵本を買う、映画を見る、DVDビデオを買う、レンタルする、TVを録画する、フィギアを集める、イベント・ショーを見に行く、部屋にポスターを貼る、衣装を買う、変身ベルトを買う、カードを集める、Tシャツを着る、タオルを買う　etc.

この辺までは、当たり前の支援方法として組み立てができそうです。

変身ごっこをする、コスプレで暮らす、石ノ森章太郎博物館へ旅行する……、だんだん自由な精神が必要になりますが、「仮面ライダーが好き」な人にとっては、たまらない支援内容になります。

仮面ライダー劇をオリジナル脚本でステージ発表する……、この辺りまで来るとすでに自己実現の域の幸福感になります。支援者が意気投合して取り組むことができるなら、相当ワクワク・ドキドキです。

②次に、「仮面ライダーが好き」な人の背景となる気持ちを想像していきます。なぜ？を考えておくことは、支援を組みたい実践していく時に、共感のベースを作ることにつながります。さて、「仮面ライダー」で浮かび上がってくるものは何でしょうか？　①と同様に正解を求める気持ちにならないようにしましょう。

【例】強い、正義の味方、バッタ、仲間がいる、バイク、変身する、顔が変、変身ベルト、戦う、人間でも昆虫でもない、家族がいない、頼りになる喫茶店のマスターがいる、ショッカー、親殺し、ライダーキック　etc.

その方のストレングスをあげる、そのストレングスから自由な想像の翼を広げて支援方法を創出してみる、あっという間に100以上の支援方法が羅列されるでしょう。その中の3つ、4つを実践するだけでも豊かな人生を応援することができます。

課題

5

一つのストレングスから豊かな支援方法を創出する

連想・想像・妄想の翼

目　的

知的障がいの方々を支援する時、自分たちの手に入れることができる情報は意外に少ない。また、残念ながら支援者側が知り得た情報を上手に使いこなす自由さを、持ち合わせていない場合も多い。自由さに制限をかけるのは、業務の忙しさであったり、組織の硬直さであったり、知的障がい者に対する、〈どうせわかりはしない〉という社会的常識であったりするのですが、一番大きな原因は支援者が一緒にワクワク・ドキドキできるような支援を、どうせできない、やってもしょうがいないとあきらめていることにあるのだと思います。

さて、自由な想像の翼を広げて、みんな一緒にワクワク・ドキドキしてみましょう。

まずは、ストレングスモデルというケースマネージメントの手法のおさらいです。ストレングスとは、その方が本来持っている強み、強さ、力を意味します。そして、ストレングスの領域には、次の4領域があります。

1. 能力：「字が書ける」「ズボンがはける」など、○○ができるという視点から捉えたその方の側面です。ただの「こだわり」として捉えられてしまうと能力というストレングスが、いわゆる問題行動として浮かび上がってしまいます。
2. 性格：「優しい」「我慢強い」「正義感が強い」など。知的障がいが重くなればなるほど、また行動障がいが大きければ大きいほど見失いがちな視点です。
3. 興味・願望：「カレーが好き」「ディズニーに行きたい」「ドライブが好き」など、これが明確にある人は、ない人に比べてはるかに支援しやすいことになります。「何かやりたいことがありますか？」と問われて「別にない」という人はなかなか応援しにくくなります。
4. 環境：「信頼できる支援職員がいる」「貯金がある」「近くにイオンがある」など。環境に恵まれている人、いない人、様々ですが、あれば活用しなくてはもったいない資源です。

では、興味・願望のストレングスである「仮面ライダーが好き」を取り上げてみましょう。

第6章

わかっちゃいるけどやめられない

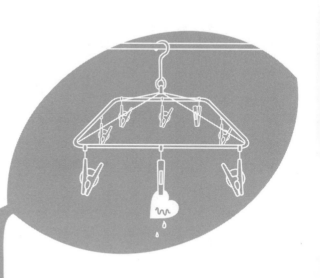

【ニキ・リンコさん】

ニキ・リンコさんと出会った思い出は強烈だ。

「長野県知的障がい福祉協会」の福祉大会で、全体会講師でお招きした時のこと。講演依頼から送迎、接待までの全てを僕が担当したのだが、「ユリの花は演台の横に飾らないでいてください」と、講演依頼の時にお願いされていたことに触れて、打ち合わせ中に僕から「今日はユリの花はありませんので大丈夫です。やっぱりユリの花は匂いが強いですからね」と話を向けた。しかし、ニキさんからの返答は意外だった。自閉症スペクトラムの障がい特性（嗅覚過敏）を知りつくしているつもりだった僕の鼻っ柱は、簡単にへし折られてしまったのだ。

「ユリの花、そばにあると、なんだかいつも話しかけられているような気がして、話すことができなくなります」と言うのだ。ニキさんには、ユリと感情とがくっついて擬人化されているようだった。このようにいつでも、障がい当事者との会話は、驚きと発見に満ち溢れている。

ニキさんを講師として依頼したのは、ちょうど『自閉っ子、こういう風にできてます！』（ニキ・リンコ　藤家寛子著　花風社　二〇〇四）や『俺ルール！　自閉は急に止まれない』（ニキ・リンコ著　花風社　二〇〇五）が出版された頃で、これらの著作に目を通しながら、いつも僕の頭に去来していたことがある。「アスペルガー症候群の方々の自己説明を、どのようにしたら、重度の知的障がいの方々の支援に応用することができるか」ということだった。

その頃の僕には、重度の知的障がいの方々は、自分の生き辛さに対する自己説明が上手にできないだけで、抱えている辛さや悲しみ、苦しみや躓《つまず》きは、自己説明できる（知的には高い）アスペルガー症候群の方々と、何の違いもないという確信があった。そして、ニキさんの本を読んで新鮮だったのは、運動障がいや身体感覚の特異性について「シャワーが痛い、雨が痛い、風が痛い」という記述があったことだ。これはすぐに、僕たちの施設での入浴場面で、課題行動が頻発する方々への支援に応用させてもらったし、「歩くことさえ不自由」という記述は、重度の知的障がいがある方々の、一見運動能力が高そうに見える自由な行動（走る、飛び跳ねる）が、「歩きたいのに走ってしまう、歩きたいのに飛び跳ねてしまう」という行動理解への橋渡しになった。

そして何よりも、著作のタイトルの一部になっている『自閉は急に止まれない』の一言は、大きな影響を僕に与えている。「やめたくてもやめられない身体、止めたくても止まらない行動」は（一人ではやめることができないから、誰かやめるのを手伝って）というこころの叫びとして、僕のこころに届き始めていた。

わかっちゃいるけどやめられない　エピソードⅠ

♪　分っちゃいるけど　やめられねぇ　♪　かの植木等の歌うがごとく、この世には、やめようと思っているのにやめられないこと、悪いと思っていてもやってしまうことのなんと多いことか。アルコール・タバコ・競輪・競馬・パチンコ・買い物、過食……数え上げればきりがない。どれも、度を過ぎれば病気となる。アルコール依存症・ギャンブル依存症・買い物依存症・摂食障がい……等々。しかし、今日の「やめられない」は、もっと身近な話だ。例えば、いつでも締切りの前の日にならないと仕事に取りかかれない人いませんか？　どんなに大変で苦しいとわかっていても、ギリギリでないと手がつかない人、いますよねえ。そんな人は、それを十年も二十年も苦しみながら続けている。さらに、定刻の十分前には出勤しようといつもこころに決めているのに、気がつくといつもギリギリの滑り込みセーフ、毎朝毎朝ドキドキの出勤である。スピードの出し過ぎで、ハッとするようなことも度々で……、だけどやめられないこのギリギリ出勤。

さて、見渡せば施設にはこんなことばかりが目につく。

さぞ苦しいだろうに、オシッコやウンコを、ギリギリまで我慢している人。汗をダラダラ流して、暑いことは誰の目にも明白なのに「暑くない」と言い張り、七月の声を聞くまでズボン下と長袖肌シャツを着続けている人。何杯でもコーヒーを飲みたい人、何杯でもジュースを飲みたい人、何杯でもお茶を飲みたい人、あげればあげるだけ、ご飯を食べてしまう人……。みんな（いけないと）わかっちゃいるけどやめられない。

さて、こんなわかっちゃいるけどやめられないこころの奥底に【誰か止めてよ、自分一人じゃやめられないんだ　誰か助けて！】というこころの叫びが隠されているとしたらどうだろう。

わかっちゃいるけどやめられないのは、何も重い知的障がいのせいではないのだとしたらどうだろう。アルコール依存、ギリギリ提出、ギリギリ出勤、原因は知的障がいなんかではない。

達也さんは、片付けの衝動が止まらない。洗濯物に残飯処理、食器の片付けにゴミ袋出し……、やると決めたら（自分流に）きちんとけじめをつけるまで、終わらない。「だめ！」「いけない」「やらなくていいの」「あとで」といったどんな制止の言葉も無力である。そしてまた、身体での張り合いも殆ど無力である。何が彼をして、そうさせるのか？　本当に彼のしたいことは片付けなのか？　彼の表情をよく観察すると、眼球はギラギラし、とても（お片付けを手伝っているよ）というような思いやり漂う表情ではない。息は荒く、行動は鬼気迫る。

そう、彼の表情から知ることができるのは、片付けをしながら苦しんでいる姿である。彼は、片付けの衝動に突き動かされながら叫んでいるのだ。（誰か止めてよ。本当にしたいことは、片付けなんかじゃないんだ。本当は、みんなに迷惑なんかかけたくないんだ。だけどほら、自分一人じゃ止まんないんだよ）と。それは、ギャンブルにはまりながら、山のような借金と家族の泣き顔を何回も見て、今度こそは足を洗おうと決心をしながら、気がつけばまた競馬場の前に立っている、ギャンブラーのこころの叫びに、あまりにも酷似していないか。

彼は〝抱っこ法のセッション〟の中でその時の思いをこう表現した。

「いつもめいわくをかけてばかりで、つらいです」

「お母さんをくるしめていて、つらいです」

「せんせいたち、とめてくれますか？」

「とめてくれれば、一緒に頑張ります」

「本当に、とめられますか？」

女子職員では、三人がかりでも達也さんを止められない。絶対止めるという約束は、命懸けの約束だ。それでも僕たちは、達也さんの想いを大切にしたかった。クラスの職員たちは、清水の舞台から飛び降りることを決心した。

片付けを我慢している時の達也さんの表情は、本当に辛そうだ。達也さんの大好きな「街角ビデオ」を一緒に見ながら、そばにいる職員もその達也さんの表情に辛くなる。我慢する方も、我慢させるほうも一緒に辛いのだ。

そんな二日目にちょっとした隙が生じ、達也さんは片付けに走った。止められなかった職員は、自分の無能さ、無力さに涙がこぼれた。先輩方の努力を、私一人のために台無しにしてしまったと自分を責めた。余計に涙が止まらなくなった。涙をいっぱい溜めたまま達也さんの待つ訓練室に戻った。達也さんがやさしく寄ってきて、その職員の肩をやさしく二回、三回とポンポン叩く。職員は、余計に涙が止まらない。（おれのために迷惑かけるなあ、泣くなよ、悪いのはおれなんだから。これからも頼むよ、お願いします）

きっと達也さんはこう言いたかったに違いない。

わかっちゃいるけどやめられない　エピソードII

昼食の時達也さんは、丼に盛った白飯の上に、いつものように納豆を載せ、その上にマヨネーズをたっぷりかけた。その特製オリジナルご飯を、電子レンジに何度となくかけ続けていた。目はすでに血走り、必死の形相で、その行為は明らかに食事の楽しさを越えた、苦しみの中にあることが推測された。そして、その納豆マヨネーズご飯は（温められたせいで）強烈な異臭を放ちながら、電子レンジの中で真っ黒焦げになり、結局残飯入れに捨てられた。さらに彼は、丼に残ったわずかの残飯を、今度は水道を全開にして丼を回しながら、何回も何回も洗い続けた。流しの回りも彼も水浸しだった。もはやそうなってしまっている彼の行動は、とてもやめられない。女子職員では、三人がかりでも無理だ。過去に、何人もの職員が止めようとして怪我をしている。

しかし、彼が好き好んでこの行動をしているかといえば、それは決してそうではないのだろう。彼の表情は、完全に苦しみでいっぱいなのだから。実は、一番苦しんでいるのは彼なのだ。止まらない電子レンジのチン、止まらない丼洗い、彼の苦しみに溢れたその表情からは、自分で止めたいのに、止まらないその苦しさが伝わってくるのである。止めようとして係わる職員を突き飛ばした時、その表情には悲しさが加わり、やっと繰り返していた反復行動が終了したその時には（アッ、またやってしまった）と、自分を責めているような表情までが加わり、ばつが悪そうな顔をして即座に立ち去って行くのだ。

電子レンジでチンをし続けること・そして真っ黒焦げにしてしまうこと・水道の蛇口を全開にして、水を撒き散らしてしまうこと・職員の制止を振り払うこと・時にはその職員を傷つけてしまうこと・その全てが悪いことだと一番知っているのは、他ならぬ達也さんなのである。

わかっているのに、悪いことだとわかっているのにやめられないのだ。彼一人の力ではどうにもならないのだ。

悪いことだ、いけないことだとわかっていれば、僕たちはその行動全てを、それがどんな行動であっても、やめることができるのだろうか？　飲酒は止まるのか？　タバコは止まるのか？　パチンコは止まるのか？　嘘は止まるのか？　万引きは止まるのか？　暴走行為は止まるのか？　……。

達也さん理解の第一歩目はそこから始まるのに違いない。それを、【重度の知的障がい者だから、重度の自閉症者だから、いつまで経っても、何回となく職員の叱責や指導を受けているのに、ちっともいけない行動をやめることができない駄目な奴だ】ということを理解の出発点にしてしまったなら、言うことを聞けない達也さんだけが、ただ悪者になってしまう。責められるべきは達也さん一人になってしまい、果ては障がい者が悪い、自閉症者が悪い、そしてそれは、最後には障がいが悪いという話になってしまうのだ。

障がいがあることは、本当に悪いことなのか？　違うでしょう？　絶対違うでしょう！

僕たちは、傷つきながらも、健気に精一杯生きている達也さんのことを知っている。

【繰り返される行動の裏側には、本当の気持ちが潜んでいる】これが僕たちの『お心主義』の鉄則だ。

まずは、昼食にしか準備していない納豆がターゲットとなった。

彼は「もう納豆やーめたー」と言い出すことができなくて、電子レンジで真っ黒焦げにしていたのではないのか？　そこで「達也さん、納豆止めてみようよ」と話を持ちかけた。一年以上も食べ続けて、好きなはずの納豆だが、まず僕たちはそれに賭けてみることにした。最後は真っ黒に焦げて捨てられる、納豆マヨネーズアツアツご飯は、結局彼の口には入っていないのだ。答えはすぐに出た。これで電子レンジのチンが止まったのだ。やっぱり納豆はもう卒業だったのだ。

しかし、まだ食器を反復的に洗う行動は止まらない。そこでさらに観察力をたくましくすると（おや？洗われているのは、ご飯茶碗だけではないか？）（しかも自分のだけではなく、他のメンバーのご飯茶碗ばかりが気になるようだ）。また自分のご飯茶碗におかずを入れて、電子レンジにかけている。「イヤ！」を上手に伝えることができない達也さん、「ＮＯ！」を上手に伝えることができない達也さん、ご飯茶碗を繰り返し、苦しそうな表情で洗っている彼の伝えたい本当の気持ちとは何なのか？

僕たちはここで常識を捨てた。それは、日本人の主食はお米であるという常識だ。見渡せば、誰もが美味しそうに食べている白飯、日本人にとってはこの上ないご馳走だが（その白飯が彼は嫌いなのだ！？）みんなが、彼の周りの人間の誰もが好きな白飯を、彼が嫌いだとしたら……。

そこでまたよく考える。いつも、いつも食べる主食の白飯が、まるで砂を噛むような味気なさだとしたら？　楽しいはずの食事は、地獄の苦しみの場となる。彼の【苦しみのご飯茶碗洗い】は、その気持ちの反映なのではないのか？　また、白飯が食べたくないと言い出すことが、どれだけ勇気のいることか……。三十数年間彼は、白飯を問題なく食べ続けてきているのだ。

「三食全てから白飯を抜く」新しい挑戦が始まった。その代わりに、長い歴史の中で、ジャガイモとミニカップラーメンを百二十パーセント大好きだということが確認されている。それを二者択一で、写真カードを用いて、実践することにしたのである。ジャガイモは電子レンジでチンをして、マヨネーズをかけてポテトサラダのような味付けにした。これにも彼は、さっそく答えをくれたのだった。これで、反復的な食器洗いは止まったのである。

誰にもわかっちゃいるけどやめられない行動がある。それは誰もが、自分一人ではやめられない。誰かの助けが、誰かの支えがなければ、止まらないのである。

彼が「電子レンジのチン」を通して伝えたかったもの、そして「全開の水道でのご飯茶碗洗い」で伝えたかったもの、それは（誰か助けてよ！　僕一人じゃやめられないんだ！　僕は、みんなに迷惑なんてかけたくないんだ！　いつも僕のことを大切にしてくれている職員を、もうこれ以上傷つけたくないんだ！　誰か手伝ってよ！　お願い手伝ってよ！）それが、彼のこころの叫びだったのだ。

帰省時には、家庭でも主食の白飯抜きをお願いした。このことで、何十年もの間、ずっと父親や母親を悩ませ続けてきた【食器洗いや、食器回しの反復強迫行動】がなくなった。

数ヶ月後彼は、半分食べかけのジャガイモを再び電子レンジでチンしたり、自分の箸ばかりではなく、他のメンバーの箸を集めて反復的に回すことを始めた。彼は納豆を卒業したように、ジャガイモも卒業していった。どうしても食べようとする達也さんの身体を職員みんなで止めたのだが……。彼には（食卓に出された物は、全て食べてしまわなくてはならない）という強迫観念がある。それがまた自分を苦しめる。

外食のラーメンでは、店の主人に頼んでスープを半分にしてもらい、水は出してもらわないことにした。そうすることで、テーブルの上にいくつコップがあろうとも、コップの水全てを飲みつくさなければ席を立てないほど、強迫的に繰り返していた水飲みがなくなった。また必ずラーメン屋の出入口の自動ドアと格闘してどうしても閉めてしまいたい達也さんだったのに、そんな行動も全てなくなっていき、彼の食事風景は一変した。

達也さんが白飯を止めて、ジャガイモを食べ始めた時「彼の前世は、きっとドイツ人だったんだね」などと笑いながら僕たちは、これからずっと主食としてジャガイモを食べ続けるだろう達也さんのことを思った。ところが、数ヶ月でジャガイモを卒業した彼は、シーチキンご飯・ポテトサラダ・ワカサギの唐揚げ、蕗の煮物等々を食べ、味覚の広がりを味わっているようにさえ感じさせるのだ。

自棄食いの法則

僕たちがまだ「重度の知的障がい者の支援とは何たるか」を何も知らなかった頃、直樹さんが中学生との交流会で見せる行動は、本当にこころからこの活動が大好きで、こころ待ちにしているように見えたのだった。

まず十名ほどの中学生が玄関から建物の中に入ってくるのだが、女子生徒数の方が大概は多い。この時点ではまだ、どの中学生の顔も緊張で強張っている。職員がメンバーさんと中学生とのペアリングのために、オリエンテーションを始める。それは一人ひとり、相性やメンバーさんの好みを観察し、判断しながらのペアリングと活動のガイダンスである。

ところが直樹さんは（こんな職員の悠長な対応を待っていられない）というような勢いで、サッと二人の女生徒の手を引いてあっという間に靴をはき、散歩に出かけて行ってしまうのである。毎回のことである。しかも彼の選び抜いた女生徒は顔立ちが整っていることが多いので、職員たちはいつも「直樹さん、やっぱり女の子が好きなんだね。しかも見る目があるよね」なんてつぶやいていた。今から思えば、ちょっと失礼な話である。

そんな直樹さんには、気がついてみれば、ちゃんと怪しい行動がついて回っていたのである。しかし僕たちが気づくまでには、何年かの月日を必要としている。僕たちの頭の中は（直樹さんは中学生との交流会が大好きであり、可愛い女の子との散歩をこよなく楽しみにしている）という考えに凝り固まっていたのだから、新しい発見をするなどということはとても無理な話だったのである。

その怪しげな行動とは「女生徒と一番に散歩に出かけて行くが、あっという間に戻ってきて、今度は違う女生徒と散歩に出かけて行き、またすぐに戻ってくる」という姿である。この行動とて「直樹さんは散歩が大好きである」という前提に立てば、何も不思議ではない。何回も何回もの散歩に、いろいろな女生徒と出かけたいのだと解釈すれば、十分理解可能だからである。ところが、付き添った中学生の証言によれば、彼の散歩の行き先は、近くの畑だったり、農芸班が収穫したばかりの野菜が置いてある倉庫だったりする。そして彼は、そこにあるニンジンや大根、あるいは玉ネギを、生のまま丸かじりにして戻って来ているというのだ。どうりで帰りが早いわけである。ここまでの情報が明らかになって、初めて「これは怪しい！」ということになっていく。

まずもって、彼は野菜が大嫌いである。煮たり、焼いたりしてある野菜（例えばカレー）などは全く問題ないが、生野菜は断固拒否して、その当時は（今はもう完全だが）殆ど食べていないのだ。その彼が、畑の野菜を生で丸かじりしているというのである。これは断然怪しい、何かきっと理由があるに違いないはずである。理由がなければこんな行動を、人間は起こすはずがないからだ。

ところがどうだろう？　多くの人たちは、重度知的障がいの方のこんな行動を見て、しかも自閉症の方のこんな行動を見て「きっと理由があるはず！」と思ってくれるだろうか？「知的障がいが重い（ちょっと語弊があるが、世間的に言えば、教えても、教えても、ちっとも理解できない人たちだ）から、畑の野菜でも何でも、生で丸かじりしているのだろう。食事の生野菜は駄目でも、畑の野菜は新鮮で、美味しいのではないか」なんて考えるに違いない。

僕たちは、こう考えます。（人間が絶対したくないことを、無理にやってしまう時の気持ちはどんな時なんだろうか？）と。そして、生野菜を食べることを、考えの中心にしていては、なかなか想像力が働かないから、酒を飲むということで、考えたらどうだろう……と。つまり（これ以上は飲めない）と思っても、（飲んでしまう）時の気持ちはどうなんだろう？　これだったら想像できそうではないか？そうだ〈自棄酒だ〉とね。

そう、畑の野菜丸かじりは、自棄酒ならぬ〈自棄食い〉なのです。そう理解していくと、彼の気持ちを、手に取るようにわかるようになります。〈イヤなこと〉をしているから自棄食いをするのだとすれば、その〈イヤなこと〉は散歩？　ここまで考えると、今迄の全ての思考の前提条件が、ガラガラと崩れていくのが確認できます。直樹さんは、散歩は好きではなかったのです。可愛い女の子と一番を争って散歩に出かけて行ったのは、偽りの姿だということなのです。

では、なぜ彼はそうしていたのか？　大きな疑問です。しかしこう考えれば、謎解きができます。

①交流会で彼は、職員や中学生の期待に応えようとする。

②それは（楽しく一緒に散歩に行くことだ）という考えに、到達する。
③そして、一番初めに中学生を選抜し、楽しげに散歩に出かける、という姿になる。
④でも、その行動はこの上もないイヤなことであるので、自棄になって畑の野菜を取って丸かじりすることになる。
⑤伝わらない想いは、反復的な行動を引き起こすので、何回も何回も散歩に出かけることになる。

直樹さんは、重度の知的障がい者ですから、今あげた①から⑤の行動を意識的に考えて行動していくわけではありません。オートマティックに、あるいは無意識に、気がついたら散歩に来ていた。気がついたら野菜を丸かじりしていたというような状態の中で、行動は生起しているのです。ではどうしたらいいのでしょう？　オートマティックな行動を中断させるために、僕たちは自己選択をその間に挟むことにします。

直樹さんの場合、彼の最も好きであると思われる活動の写真カード〈ビデオを見ている風景〉〈交流会での女子中学生との散歩〉を二枚用意し、二者択一を迫ります。

「直樹さん、今日中学生との交流会があるよね。いつも率先して散歩に行っているようですが、あなたの散歩の様子を見ていると、畑へ行って野菜を丸かじりしているようですので、本当は散歩に行きたくないのではないか、と職員は考え始めています。交流会は、あなたが一番したいことをすればいいし、それを一緒にするために中学生も来ているんだから。散歩をしなくちゃいけないと決め込まなくてもいいし、もしそれがイヤなのにやっているとしたら、中学生だってがっかりなんだよ。さて、今日は二つの写真カードを用意してきました。あなたが今日、中学生と一緒にやりたいのは、いったいどちらの活動ですか？　教えてください」と。彼はしっかりと「ビデオ」のカードを選んだ。そして、彼のスケジュールボードに「交流会の活動は、中学生と一緒にビデオを見る」と掲示される。

いよいよ交流会だ。彼は、ソワソワと落ち着かない。結局（散歩に行こうと）中学生の手を引っ張り始めてしまうので、職員が割って入る。「今日は、ビデオって決めたんだよね。あなたが決めたことをやっていこう。ビデオを一緒に見たい、本当は散歩には行きたくないって決めることができた。素晴らしいことなんだよ。散歩に行かなくたって、誰も駄目な奴だなんて思わない、あなたは、あなたの決めた通り生きていけばいいんだよ」そう促されて、彼は中学生と一緒に自分の居室に行く。しかし、五分もすれば立ち上がって、玄関へ向かおうとする。そのたびに職員が、自己選択の妥当さを応援する……また居室へ戻る彼。このようなことを繰り返しながら、交流会は終了した。

それから五年後の交流会で、彼は中学生に膝枕をされながら、ニコニコして大好きなビデオを眺めている。だが写真カードの自己選択を怠れば、相変わらず散歩に出かけてしまう直樹さんである。

遡ること二十年前、直樹さんはキャンプに出かけたバーベキューで、園では絶対に食べない大嫌いなはずのピーマンを、半生の状態で食べていた。僕たちはそれを「自閉症だからね。形や料理法が違うと、ピーマンがピーマンでなくなるんだね」と解釈していたが、今では自信を持って、思い直すことができる。

「直樹さん、キャンプ大嫌いだったんだよな、きっと。よく震えながらニコニコした表情をしていたけど、あれ偽りの姿だったよな」と。

直樹さんがこの時僕たちに教えたことは、多くの後に続く自閉症の方々の、幸福を支えている。

気持ちとは裏腹な身体

沙織さんと僕は、同期の桜だ。僕の明星学園入社と彼女の入所とが、同年だからだ。僕が働き始めたのが四月、彼女はその数ヶ月前に入所している。彼女は、重度重複障がい者だ。三歳の頃の高熱が原因で脳炎になり、視覚を失い、脳障がいを負った。養護学校時代、彼女は一日の殆どを、童謡のＢＧＭをお子守りにしてトランポリンの上で過ごした。トランポリンの揺れがなくなっても、童謡のＢＧＭがなくなっても、彼女はパニックを起こした。大声を出しながら手のひらを強く噛む、げんこつで歯を強く叩き続ける、髪の毛を強く手のひらで、摩擦熱で髪の毛がチリチリになってしまうほどこする、一旦始まったそのパニックは、何時間と続く時さえあった。

僕が働き始めたその頃、沙織さんの母親と話したことがある。今思えば、自分の無力さも顧みずに無茶な質問だったと思うのだが「沙織さんには、将来どうなって欲しいですか？」と、失礼なことを聞いたものだ。母親は「一回でもいいから『お母さん』と、もう一度呼んでもらいたいな……」と、真摯に答えてくれた。僕はその言葉に、グッと来た。ちょうど一番可愛くてたまらない年齢で、娘は重度の障がいを背負ってしまった。三歳といえば、もう一人前に喋ったはずだ。「もう一度お母さんと呼んでくれたら……」それは、（喋ることができる、できないという能力の問題ではなく、母親としての自分を、もう一度認めて欲しい）そんな気持ちの、表れのような気もした。勝手な想像だが、中途障がいの原因を、お母さん一人で背負いこんでしまっているのかな？　娘に申し訳ない気持ちが、まだこころの中で処理することができないまま、沈殿してしまっているのかな？「お母さん」と呼ばれることは、そんな母親を許す言葉の代わりになるのかな？　だって「お母さん」って呼ぶことは、「お母さん大好き」ってことだから。その時の自分が、母親のその願いにどんな返答をしたのかは、無責任なことに覚えていない。「無理かも知れないけれど、挑戦します」くらいのことは、言えていればいいのだけれど……。

沙織さんの支援は、苦悩を極めた。なにせ緊張の高い彼女は、オムツ交換の時でも仰向けになることができないので、立ったままオムツ交換する。食堂や浴室までの移動だって、心理的な緊張が高いうえに、目が見えないことが相まって簡単じゃない。一歩間違えば、パニックを起こす。動きたくないと思っている彼女を移動させるには、引きずるしかなかった。屋外の行事は緊張感がさらに高まり、直接身体が地面に接していなければ、安心を手に入れることができないのでさらに大変だった。遠足ではシートの上に座れない。必死な形相で土の上まで這って行くので、気がつけば身体中土だらけだ。

僕たちは「人間ジュークボックス」と言って、職員配置が許す限り、カセットテープを止めて肉声で歌い、立ったままハグして歌をうたい続けた。できるだけ「カセットテープに子守りをさせない！」それが合言葉だった。

しかし、そんな時にも彼女の両手は、職員を振り払うように動き続けた。ハグしながら歌い続ける職員の首筋や腕には、何本もの引っ掻き傷ができた。ハグして歌い続けている時にはそんな痛みも感じないのだが、帰宅してお風呂に入って初めて、お湯が沁みてその傷に気づくのだった。

沙織さんが振り払う両手の意味に僕たちが気づくのに、それから十年以上の月日が流れるのだ。彼女と付き合うために、僕たちは「動作法」を習い始めた。とてもとても今迄の支援方法では、彼女を変えることはできないと感じたからだ。それから彼女は（何年かかったのかはもう定かではないのだが）仰向けになることができるようになった。そして、腕を職員と一緒に上げることができるようになった。しかしその頃はまだ、仰向けも腕上げも一瞬の出来事だった。（できた！）と思った瞬間に、彼女の身体は激しく動き、職員から遠く離れていった。周りの誰もが「彼女は、これ以上やることはイヤなんだ」「障がいが重いから、これ以上はできないんだ」と思った。僕たちの支援は、ここで暗礁に乗り上げた。

ある動作法訓練会の日、彼女はいつものように時に大声を上げながら、一瞬の仰向け、一瞬の腕上げを、いつもと同じように繰り返していた。「この手を離さないようにしたらどうなるんだろう？」その頃、僕たちは達也さんの支援を通して、自分の想いとは全く逆に動いてしまう身体に、苦戦している知的障がいの方の苦悩を知り始めていた。

達也さんは、そばにいて欲しいと思うほど、母親の身体を（帰って！）と強引に押してしまうのだ。

まるっきり自分の本当の気持ちとは、真逆に動いてしまう身体……。その動いてしまう達也さんの身体を、職員が何人もで必死に止めながら「達也さん、本当は、お母さんにずっとそばにいて欲しいんだよね。お母さんにそばにいて欲しいという気持ちは、ちっとも変な気持ちじゃないよ。当たり前な気持ちだよ。そんなに頑張り過ぎなくてもいいんだよ。お母さんだって、そばにいたいとこころから思っているんだよ……」と語りかける。すると身体が緩んで、母親のそばに座っていられる達也さんがそこにいた。

だとすれば、一見【あっちへ行ってくれ】と伝えているかのような沙織さんの振り払う両手も、実は本当の気持ちとは裏腹の【そばにいてくれ】ってことかも知れない！　彼女の片手を握り、もう片方の手で肘を押さえた。この姿勢なら、どんなに彼女の身体が動いて遠くに逃げ続けても、絶対に離さないでいることができる。腕上げを試みる。できたかなと思う一瞬の後に、彼女の身体は動き、遠くに離れていこうとする。

「離さないぞ！　絶対に。ずっとそばにいるからね。本当は、もっともっとできるようになりたいと思っているのに、沙織さんの手は反対に（もうあっちへ行ってよって）動いちゃうんだよね。わかっているよ。今迄気がつかずにいてごめんね。もう十年以上も付き合っているのに、こんな簡単なこともわからずにいて、本当にごめんね。さあ、離さないぞ！　もう一回、やってみよう」

「やっぱりできるじゃないか。沙織さんは、もっと難しいことをやってみたいんじゃないかな？　じゃあ、もっと難しいのに挑戦だよ。ここでもっと肘を伸ばして、そしてもっと腕を耳に近づけて……」

「ほらできたよ、やっぱりできた」動いて、遠くに行こうとしている沙織さんを、僕は絶対に離さない。するとと彼女（ほら、褒めてよ、もっと褒めてよ！）と言うかのように、僕の顔にニコニコした顔を何回も近づけてくる。やっぱり彼女の身体は、本当の気持ちとは裏腹に動いていたのだ。こころの大きさを百とすると、やりたい気持ちが五十一やりたくない気持ちが四十九、そんな時に彼女の身体は、やりたくない方に動いてしまうのだ。もっと極端に考えて、やりたい気持ちが九十で、やりたくない気持ちが十の時でも、やはり彼女の身体は反対の気持ちの方に動くのだろう。十年が過ぎた今でも、彼女の身体は、本当の気持ちとは反対に動いてしまう。でも今、僕たち職員は、彼女のその身体の癖を知っている。

先日、こんなことがあった。保育士養成校からの実習生に、職員が彼女の裏腹な身体のことをしっかり説明した。実習生がお付き合いの方法を理解した後で、沙織さんはひとしきり実習生とハグしながら、歌に合わせてゆらゆらと身体を動かし続けた。その日の夕方（ちょうど実習が終了する時間に）、彼女は居室から出て、不自由な身体と視力にもかかわらず、玄関まで来ていたのだった。

きっと彼女は、実習生に挨拶に来たのだろうと思う。（今日は本当にありがとう、私のことわかってくれて。今日の歌の時間、本当に楽しかったよ）と伝えたくて……。

⑤10セットの終了時、最後に手のひらを肩から離すことになるのですが、その時には「名残を残して離す」という離し方をします。ゆっくり徐々に離していきます。

⑥Bさんは「ぴたー」「ふわー」とやられている時の気持ち、また手を離した後の気持ちをAさんに伝えます。「気持ちがゆったりした」「安心した」「手が離れてもまだ手が肩の所にあるような気がする」というような気持ちが語られると思います。

⑦次に同じように「ぴたー」「ふわー」を再度実施するのですが、今度は最後の手の離し方が違います。10カウントが終わった途端、サッと離してしまいます。同じようにBさんはAさんにその時の気持ちを伝えます。「突然いなくなって寂しかった」「見捨てられたような気がした」というような気持ちが語られると思います。

⑧AさんとBさんは役割を交代して実施します。

⑨支援場面では「別れる、離れる」は毎日何回も繰り返される日常的な出来事です。またわずかな時間内で安心を提供することができることは支援技術として必須です。その時に、そこにいなくなってもまだいるような気がするという「名残を残して別れる、離れる」方法、わずかな時間内で安心を提供できる方法を実践できることは信頼関係を作るためにはとても重要なことです。そのためにはどのような方法があるか、話し合います。AさんとBさんとの間でまずは話し、その後全体で話すことが良いでしょう。

⑩「次の予定を必ず話して離れる」「退庁する時には必ず挨拶をする」「身体に触れながら話す」「意図的に手をつなぐ」など、支援現場でできる小さな工夫を考えてみましょう。

課題

6

急にいなくなると寂しい

とけあう体験

目　的

今野義孝氏（1948~）は、動作法において、訓練する側、訓練される側の壁を越えて共に心地良さ、一体感を共有する方法として「とけあう体験」を提唱しています。このワークでは、その中でも触れることの心地良さ、急に離れてしまう時の喪失感を中心に体験活動することで、何気ない支援場面での別れ方、離れ方、触れ方にあっても小さな工夫を積み重ねることで大きな信頼感醸成のツールになり得ることを考えていきます。

準備品

椅子1名1脚

方　法

リーダー1名、参加者2名～30名

①2名ずつのペアになります。ペアの一方をＡさん、もう一方をＢさんとします。

②Ａさんは、Ｂさんの背中側に、Ａさんの両手がＢさんの両肩に軽く届く距離を置いて座ります。

③Ａさんは、Ｂさんの両肩に両手を置きます。その時にお互いが気持ちの良い場所、Ａさんにとっては置いて気持ちが良い、Ｂさんにとっては置かれて気持ちが良い場所を探しながら置く場所を決めていきます。手のひら全体を使って置きます。指先に力を入れたり、指圧やマッサージのように力を込めて押したり揉んだりしないでください。Ａさんは黙って気持ちの良い位置を探り、この場所かな？　と思ったら、Ｂさんに「この場所で良いですか？」と確認してください。お互いに気持ちの良い場所が必ずありますから、当たるまで続けてください。

④場所が決まったら「とけあう体験」の始まりです。Ａさんは軽く両手に力を入れてＢさんの両肩を押します。「ぴたー」という声に合わせて10カウント押し続けます。次に「ふわー」という声に合わせて手のひらの力を抜いていきます。こちらも、ゆっくり10カウントです。手のひらは最後まで肩から離れません。この押すことと抜くことをワンセットとすると10セット連続して行います。

第7章

内なる母、内なる父を越えて

【過剰適応】

実は、僕にはたくさんの偏食がある。例えばニンジン、例えばひじきの煮物……。しかもこの偏食は性が悪く、年齢を重ねるごとに増えていく。しかもその多くが、小さい頃は大好きと言って食べていたものなのである。そこで考える「なぜなのか？」

支援のヒントは、いつでも自分の歩んできた人生の中にある。

『過剰適応』という概念が心理学にある。子どもが親の考えを真っ先に取り込んで、自分はしたくもないことを、親の承認あるいは称賛を得たいがばかりに、いかにも楽しんでやっている姿をいう。いわゆる良い子といわれる、子どもたちの姿だ。朝、学校に行く前に必ずお腹が痛くなるのに、学校に行ってしまえばニコニコと楽しげに学校生活を送ってしまう子の姿が、この『過剰適応』である。なぜって、良い子は、学校が楽しくなくてはいけないからだ。好き嫌いなく何でも食べる子は、良い子である。給食で出される、嫌われることが多いニンジンやひじきの煮物を、おかわりしてでも食べるのが良い子である。僕はそういう子だったのだ。しかし年を重ねるごとに、その呪縛から逃れることができ「やっぱり本当は嫌いだ」と残せるようになった、というわけだ。

過剰適応状態に陥っている時、そのニンジンは本人には確かに美味しいので（まさか本当は嫌いであると）周りの誰もが気がつかない。本人でさえも気がついていないのだから。

僕がこの呪縛から逃れることができるようになったのは、実は結婚である。（嫌いだと）残しても怒られそうもない疑似母子関係が、新しく妻との間に生まれたからなのだろう（少し情けない話だが……）。飲み屋の女将を「ママ」などと疑似母子関係の表現で呼ぶ日本にあっては夫婦が、男性にとって母子関係の再現となっているのは多々あることで、僕もそんな人間関係に大いに助けられて、今があるというわけだ。


そこで、彼らのことに想いを馳せる。彼らに『過剰適応』はないのか？

父や母の想い、支援者の想い、それを無意識に取り込んで、先回りして良い子で暮らしている姿はないのか？　さらに『過剰適応』があった時に、それを解いてくれるような人間関係は準備されているのか？

僕は『過剰適応』の姿に気がつき、そしてそれを解く人間関係を、自らの力で準備し構築することができた。そしてそれが、細やかな幸福につながっているとすれば、彼らにもその幸福への道は、準備されるべきではないのか？　自分だけが幸福になっていいのか？　幸福になるための道標がわかっているのなら、その道標の元までは、一緒に行くべきではないのか？

これが、僕が自分の偏食から導き出した洞察である。

あしたのために1　私は私らしく

綾乃さんは、生まれ持った脳性麻痺という障がいが故に、自分の足で歩むことがかなわない。母親との別れの後、いつでも「オカアチャン！　オカアチャン！」と玄関で連呼しては、その目はいつまでも、母親の乗った車が走り去るのを追い続けていた。彼女がもし、もし歩ければ、止める職員の手を払いのけ、走り去る車を全力で走って追いかけただろう……。そんな勢いを、車椅子の彼女の乗り出した上半身が語っていた。そんな彼女もすでに四十歳を越え、母親も七十歳をとうに越えていた。施設に入所して三十有余年、未だ上手に別れられない母と娘の幸せもここにあり、実は不幸せもここにあった。

毎年のように夏といえば、食欲不振とそれに伴う体力低下で入院騒ぎを起こしていた綾乃さんが、めきめきと健康を取り戻し、無事に夏を越えて体重が増加し始めたその頃「重たくなると持ち上げるのが大変なのよねえ」と彼女の前で、ぽろっと本音を母親がこぼした次の日、彼女は全く食事を摂ろうとしなかった。それは過剰なまでの母親への思いやり（食べなければ体重を減らすことができる、そうすればお母さんにこれ以上の苦労をかけなくて済む）で、命をかけた母親への奉仕の姿だった。

さっそく母親から、綾乃さんに電話を入れてもらった。「元気で健康が何よりよ。体重が増えることなんか、お母ちゃんは全然へっちゃら。食べることができなくて、点滴注射を打たなくてはならないことや、風邪を引いてしまうことの方が、お母ちゃんは心配よ。安心していっぱい食べてね。良いわよ、食べて」これで彼女は安心して食べ始めることができた。それが八年前の夏の終わり。

彼女はいつでも自分の幸せが二の次だった。

「綾乃さん、絶対白が好きだと思うんですけど、白いTシャツとかどうですかねえ？」そんな職員の問いかけに、母親は答えた。もちろん彼女も母親の隣でこの話を聞いている。

「白ねえ、とってもいいと思うんだけど、汚れが目立ちますよねえ。私、買ったことないわ」もちろん母親の言っていることは、間違いじゃない。不自由な両手両足、不十分な運動能力、食事はボロボロとシャツの上に落ち、汁気はたらたらと伝わる。白いTシャツは見る間に染みだらけになってしまうだろう。

「綾乃さん、今度の買い物外出で、綾乃さんの大好きな白いTシャツ買おうよ」そんな職員の問いかけに彼女は即座に反応した。「イケマセン！　イケマセン！　イケマセーン」と必死の形相だった。ここでも彼女の幸せは二の次、優先順位はいつも母親の次の二番である。それが三年前の夏になる。

この六月に、出張中の横浜で携帯電話が鳴った。会議に向かう地下鉄の地下道の中である。「綾乃さんが上半身裸で、全く服を着てくれません」という、担当職員からのSOSだ。「先日外出で買ってきた服、その前に母親と一緒に行って買ってきた服、大好きなグレーのスウェットのパジャマ、あらゆることをやってみたんですけど、全くダメです」「一旦は自分で選んで着てくれるんですが、三分と持ちません。またすぐに真っ裸です」「どうしたらいいでしょうか？」

どうしたらいいでしょうか？　と問われても、これはもうバンザイの白旗ですよね。横浜と飯田、これではもう勝負にならない。それでも、確認できることを確認しておきます。

「どんな表情でやっているの？　苦しそう？　怒ってる？　楽しそうってことはないだろうと思いますけど？」職員の答えは「それが、表情はとてもいいんです。裸になってニコニコしていて、ハーイなんていう職員を呼ぶ姿は、いつもと同じです」

この「服脱ぎ」のような繰り返される行動（反復行動と呼ぶ）は、通常ネガティブな感情（本当はイヤなことなのに無理矢理やらされたとか、明るく振る舞っていたんだけど本当は寂しかったとか）の発露であることが多いので、表情はどちらかといえば曇りがちで、苦しそうな場合が多いのだが、表情がとてもいいという報告を聞いて、何か前向きの発信をしているのではないのかという予感だった。

【お心主義辞典　第一項『行動全ては何かを伝えようとする発信である』】

さて、彼女が裸になることで、伝えようとしていることはいったい何か？　彼女の本当の気持ちにたどり着くための、僕たちの地図のない旅がまた始まった。

重度知的障がいのある女性が、身をさらしてまでして何かを伝えようとしている姿を前にして「この人たちには、やっぱり恥ずかしさが発達していないんだ」と考えるのは、言語道断だ。確かに定型発達の女性が示すような恥ずかしさと、全く同じであるかどうかについては、厳密な検討が必要だろう。しかしながら「裸がいけないことであり、みんなと違った稀有な行動をとっている、ということについては十分な自覚があり、それを承知でこの行動を起こしているのだ」という理解が必要だ。少なくとも彼女には二語文域の発語がある。にもかかわらず、彼女の発信は今言語回路を経由せずに、真っ裸という極めて厳しい行動回路を通して、僕たちに届けられているのだ。

僕は、出張先の会議中も、ホテルへの地下鉄乗車中も、（彼女の伝えたい想いは何か？）と考え続けた。裸になるのだから、発信の内容は服に関係したことに違いない。しかし、その内容はとてもとても頼みにくいことに違いない。……特に母親に……。もしや、……スカート？　……？　彼女は十年来車椅子暮らしだ。両足には全く力が入らない。そして、介護に便利なようにと、一年中ジャージにポロシャツ、トレーナーでの暮らしである。知的障がい者はスカートをはいてはいけないのか？　肢体不自由がある車椅子の障がい者はスカートをはいてはいけないのか？　おしゃれをしてはいけないのか？　いや、そんなことはないはずである。でも彼女のこころにはブレーキがかかってしまっている。

職員が「スカートを一緒に買いに行きましょうか？」と彼女に尋ねた。彼女は「チガウ、チガウ」と連呼した。母親に電話をすると「スカートねえ。介助大変ですよねえ。トイレでも、車椅子でも……。ただねえ、綾ちゃんねえ、まだ学園に入る前の小さい頃に、歩けないのに二階までの階段を上って行って、タンスから私のスカート出して、頭から被っていることが何度もあったわ。スカート好きなのかも知れない」と言うのだ。僕たちは、綾乃さんに説得を試みる。

「あなたが歩けないのは、あなたが悪いんじゃない。ましてやお父さんやお母さんが悪いのでもない。あなたは歩けなくなったのを自分の努力が足りなかったと思っているかも知れないけれど、それも違う。あなたは、悔しいかも知れないけれど、思い通りにならない体と、ずっと付き合っていかなくちゃいけないんだ。でも、僕たちもそれに付き合うよ。職員はいつでもあなたの味方だよ。あなたがやりたいと思うことが、少しでもかなうように、ずっと手伝うよ」……と。

彼女は今、スカートに加えて、水色のパンツにブラジャーまでつけている。さらに、十年来はいていたオムツまでもとれている。彼女にとっても僕たちにとっても、疾風怒濤の半年間だった。スカートを手に入れた彼女は、さらに服を脱ぎ続けることで、（いまどきの女の子がつけているような）素敵なパンツとブラジャーを手に入れた。お好みの色は水色。そしてさらに服を脱ぎ続け、パンツまでも脱ぎ、不自由な手でオムツをちぎり、オムツをはずしたいことを僕たちに伝えた。

気がつけばもうそこに、服を脱ぐ彼女はいない。いるのは満面の笑みをたたえて、「オネエチャン！」と話しかけてくる彼女だけだ。つい先日の母親との買い物外出では、「ニカイ（二階）」と言って、下着売り場に行きたいことを、健気にも教えた彼女である。もう「チガウ」と「イケマセン」の彼女はいない。そして、その先には母親と「マタネ」といって笑顔で別れられる日がきっと待っている。

あしたのために2　頑張らない

医者の家に生まれ、医者になることを宿命付けられ、あげくの果てに親の期待とは裏腹に、その夢をかなえることができない（大学の医学部に合格できなかった）とわかった時に、両親の殺害に至ってしまった子どもの気持ちを、皆さんはどう考えますか？

弁護士一家に生まれ、弁護士になることを夢見て十数年、結局国家試験に合格することができずに年老いて、弁護士になることを断念するに至った青年の人生を、皆さんはどう考えますか？

一流高校、一流大学、一流会社と進み、順風満帆でさあこれからという時に、たった一回の些細な業務上の失敗から「うつ病」に陥り、自殺未遂を繰り返す青年の人生をどう考えますか？

さて……。自閉症スペクトラム障がいの美香さんは、この十年「アパートで、くらしたいんだわあ！」という大声と「グループホームにいけるう？」という弱気な小声とを交互に発しながら、どうすることもできない（期待に応えられない）自分と、到底期待に応えられないとわかっていながらも、その高くて遠い頂きを目指し続けなければ、なお一層不安に押し潰されそうになってしまう自分とを抱え、葛藤し続けた日々であったのだろう（と今になってやっと思えるのです）。失礼ながら彼女はもう四十代半ばだ。僕たちは彼女と付き合い始めて十年、という月日が流れている。

ここで誤解をしないで欲しいのですが「アパート暮らしやグループホーム暮らし」を、決して「高くて遠い頂き」なんて表現しているわけではないのです。美香さんを苦しめたのは【アパートで暮らすことやグループホームへ行く】という言葉が彼女にとって、地域の自由な小集団生活を意味していたのではなく【頑張っている良い子】と同義であったことなのです。

「そんなことをしているとグループホームへ行けないよ」という働きかけは、(言うことを聞くことができないあなたは、親や職員の期待に応えられない駄目な子ですよ)というメッセージを言葉の裏に携えて、過去に何度も彼女のこころを傷つけたことでしょう。

「一人で何でもできなくちゃアパートでは暮らせないよ。寂しいなんてことは我慢しなくちゃ」という言葉は、誰かの支援を受けなければ暮らしていくことができない美香さんにとって、それがどんなに薄情な言葉であったかは、今となっては簡単に想像できることです。文頭の「アパートで、くらしたいんだわあ!」という大声は「お医者さんになりたいんだわあ!」と同義であるし、「グループホームにいけるう?」という弱気な小声は「弁護士試験に受かるう?」と同義なのです。

繰り返します。

「アパートで、くらしたいんだわあ!」という大声は(入所施設で、小さい頃から親と離れて暮らしながら、寂しいことを我慢する私は、良い子ですか? お母さん)であるし、「グループホームにいけるう?」という弱気な小声は(いつも強い調子の言葉で、絡みつくようにお母さんや職員に、繰り返しできそうもないことを要求することを、それをちっともやめられない私は、きっと嫌われているんですよねえ？）なのだ。その言葉の裏にある（もうこれ以上良い子になろうとしても、決して親や職員の期待通りには良い子になれそうもない）と感じている、美香さんのこころの叫び声が聞こえ始めていたのである。

そんなことに気づき始めた僕たちは、彼女に「十年来、作業分担になっていた廊下の掃除をやめて、割り箸の箸入れを折る仕事をやってみませんか？」と一つの提案をする。

彼女のＡＤＬ（日常生活動作）は、ほぼ自立している。洗濯機を十分使いこなし、洗濯物を干すこともできる。また包丁を上手に扱って料理もできる。しかしこの十年間、廊下の掃除を実施できた回数は百日程度であった。この間、僕たちは彼女に掃除を殆ど強要していない。このできない有様は、彼女は廊下掃除が嫌いであり苦手であるために、十分な達成感がないのだと僕たちに教えていたことに、今更ながらやっと気がついたからでもある。こんなことは今になって言えることなのだが……。なにをもって汚れているのか、どうすることがきれいになることなのか、自閉症である彼女にとっては、理解が難しいことであったに違いない。

美香さんは、折り紙・刺しゅう・裁縫が大好きだ。箸入れ折りを選んだのには、彼女のそうした趣向に合わせていくことが余分な頑張りをはずすことにつながるのではないか、と考えたからであった。彼女からはさっそく同意がもらえたのだが、それと同時に「アパートで、くらしたいんだわあ！」という例の大声が始まったのだった。しかしその意味は（頑張る良い子で、いたいんだわあ）で、彼女にとっては、掃除をすることが頑張る良い子なのだろう。箸入れ折りは五枚ほどで、実質十五分程度の仕事であり、これではまるでお遊びだと感じたのだろう。何十年も頑張ってきた自己像を捨てることは大きな勇気がいることで、挫ける自分を認めていくことは情けないことである。

職員集団は「美香さんは、ずっとずっと頑張ってきたんだよね。寂しい時も寂しいと言わず、家に帰りたい時も帰りたいとも言わずに、どんなに苦手なことも、どんなにわからないことも、職員やお父さんやお母さんに怒られるのが怖くて、じっと我慢して一人でやってきたんだよね」「だからこれからは、できないことや苦手なことは『教えて』とか『手伝って』とか言いながら、職員やお母さんに助けられながらやっていこうよ。もうできないことは、できないでいいじゃないか。のんびり行こうよ。職員も、無理にやれなんてもう言わないよ。のんびりしている美香さんを、誰も嫌いにならないよ」と応えていく。両親にはすぐに電話して、美香さんが掃除をやめたこと、でもこれからは箸入れ折りをやっていくことを報告して、認めてもらった。

そんなお付き合いをしていく中で、職員は美香さんの新しい変化に気がつき始める。あれほど行事ごとに細かい点まで強迫的に確認し、準備をしなくてはならなかった美香さんの姿が、だんだんなくなっていくのだ。そして帰省のたびごとに、あれをしろこれをしろと、両親に無理難題を要求していた姿もだんだん薄れていく。また、予定されていた活動が途中で変更になっても、イライラすることがめっきり少なくなってきた。毎年参加している総合防災訓練では、あんなに大好きだった（と思われていた）

防災のビデオ放映も「行かないなあ」と言って参加しなかった彼女がいる。おそらく今迄は、みんなが出るから頑張って参加していたのだろう。

今になって考えてみれば、彼女には自閉症を背景として、様々な克服困難な障がい特性があることがわかる。

彼女は（ねえ）と呼びかけるつもりで肩を叩いただけでも、（なんでそんなひどいことをするんだ）とばかりに怒り出します。人間関係を想定できない彼女には、親愛の行為も攻撃に感じられてしまうわけで、それを理解できない周囲の人間は、そんなことすらも理解できないのかと、彼女を何回となく叱り飛ばしたことだろう。彼女の歩くスピードと足の回転は、超スローだ。足の親指には強い力が入って反り返り、走るといっても歩くスピードの二倍にも達しないのだ。これが彼女の全力の姿なのである。このように彼女には確実に運動障がいがあるのだが、二本の足には機能的な問題がないので、そのことで「遅い」「一生懸命ではない」「やる気がない」とどんなにか批判されたことだろう。

彼女が頑張ることをやめて、これから手に入れるもの、それがきっと本当の幸せなのだ。

あしたのために3　見捨てられ不安

親に見捨てられそうな不安のことを【分離不安】と言います。しかし、我が子のことが気に入らないからといって、実際に橋の下に捨ててくるというようなことが起こり得るかというと、これは極めて低い確率です。ここでいう【分離不安】の概念は、「現実的に捨てられる」不安ではなく「心理的に捨てられる」というこころの中の出来事として、誰のこころにでも生じていることを説明しています。

例えば、親子の関係で（嫌われる）（口をきいてもらえない）（怒られる）（だめだと言われる）というような状況が生じたり、そのような状況が生じそうなことが想像されたりする時に【見捨てられ不安】が高まるということになります。さらにそのような場面で（実際に叩かれる・殴られる）というような身体的虐待、また（出て行け・こんな子は家の子じゃない・死んでしまえ）というような、暴力的な発言による心理的虐待があるならば【見捨てられ不安】は、取り返しのつかないこころの傷として、いつまでもこころに貼りついてしまいます。

【分離不安】が高まると、様々な行動が生じます。

一般的に有名なのは夜尿、つまり寝小便ですね。ちょっと寂しい気持ちの時に、チョロッと出てしまいます。「赤ちゃん返り」という言葉を、聞いたことがありますよね。排泄が自立していた三歳のお兄ちゃんに、下に赤ちゃんが生まれた途端寝小便が始まったり、指しゃぶりが始まったりということがよくあります。これが【分離不安】の高まりです。最愛のお母さんは、〈ひょっとしたら自分よりも赤ちゃんの方が可愛いのではないか・好きなのではないか・自分は嫌われているのではないのか・見捨てるのではないか〉というわけですね。しかしこの程度の【分離不安】は、それに気づいた母親が、もう一度きちんと三歳のお兄ちゃんの甘えこころを受け止めることができさえすれば、あっという間に解決します。

ところが、この寝小便を「お兄ちゃんのくせになんですか」と叱ったり、指しゃぶりを「みっともない、止めなさい」と怒鳴り飛ばしたりしていると、状況はすっかり変わってきます。自分の（甘えたいという）自己主張を否定されて傷ついたこころは、次には絶対に傷つくまいとして、そして親に捨てられるのを恐れて、親の期待や希望を無意識に取り入れて、明るく元気な、素直な子どもになろうとする努力を始めるのです。

そんな努力が当たり前の姿になってしまうと、まずはその人らしい自己主張が失われます。周りからは、素直な良い子として評価され続けるかもしれませんが、その子のこころの中では、出口を失った自己主張がドロドロと渦巻き、さらには沈殿して真っ暗な闇となります。悲しいかな、知的障がいや自閉症の方のその努力には、正当な結果が伴いません。そのような努力がうまくできないのが、その障がいの本質であるからです。当然の帰結として、その姿は破綻します。

洋平さん、二十五歳。母親に隠れて冷蔵庫の納豆を食べていたところを、ちょうど母親に見つかって、大きく叱責されたその日から、納豆を食べるたびに彼を下痢が襲う。（納豆を食べた自分は、母親から見捨てられる）といったような叱責と結び付いた不安と恐怖は、彼の身体を下痢へと導いた。母親に「納豆を食べた時に、大きな声で叱ってしまってごめんなさいね。あなたのことが、嫌いで叱ったんじゃないんだよ。これからも納豆食べていいからね」と謝罪されたその日から、彼は納豆を食べても、下痢には襲われなくなった。納豆を食べて叱られたことくらいで、彼の【見捨てられ不安】は最高潮に達してしまったのである。

和彦さん、五十三歳。外出の買い物で、初めてズボンを購入した。今迄はずっと父親が買ってくれていたのだが「ぼく　くろいの　きらいなのう」と、グレーのズボンを購入。そのことを、八十を過ぎた父親に報告すると「私が買うと、いつも黒っぽくなっちゃって」と申し訳なさそうな返事があった。母親を三十年以上前に亡くし、そこからは父親一人になった。父の買うズボンはいつも黒色で、和彦さんはずっと黒いズボンが当たり前と思っていた。五十を三年も過ぎた今「くろは　きらい　なのう」の自己主張である。三十年以上、押し殺していた自分の気持ちを（黒色ではないズボンをはきたいと）自己主張すれば、父親から見捨てられるのではないかという不安が高まるが故に、彼は無意識的に素直な良い子を演じ続けていたのである。

直樹さん、二十七歳。中学生との交流会では、いの一番にお気に入りの女子生徒の手を握りしめ、笑顔で散歩へ出かけて行く。その姿は、誰が見ても交流会を楽しみにしているとしか思えない。ところが彼は、十分もしないうちに散歩から戻ってしまうのである。手にはどこの畑から引き抜いたのか、長ネギの切れっ端を握っている。同行した女子中学生に聞けば、いきなり畑から長ネギを引き抜いて、ムシャムシャとかじったかと思うと、すぐに戻って来てしまったとのことだった。

中学生との交流会といえば、定番の活動は散歩だ。彼は職員や中学生の期待を無意識に受け入れて、良い子を演じようとして、まず散歩に出かけてしまう。しかし、その活動は本来の希望とは異なるのだろう。偏食の強い彼は野菜が大嫌いなのだが、その中でも最も嫌いだと思われる長ネギを、しかも生で食い荒らしてしまう。おそらく自棄食いであろう。そこで直樹さんには写真カードを用いて、希望の活動を相談する。彼は「ビデオを見るカード」を選択して、女子中学生の膝の上でウトウトし始めるのである。（みんなと違うことをしてはいけないんだ）と思った時に、彼の見捨てられ不安は急激に高まる。しかし、彼の散歩嫌いに気づくまで、職員集団は十年以上の月日を要したのだった。

香織さん、二十歳。一週間に一度の帰省のたびに、彼女は母親にコンビニでリップクリームをせがんだ。購入したリップクリームは一ヶ月で都合四本になった。しかし、あれほどせがんで購入したリップクリームは、殆ど使用されることはない。不思議に思った職員は、筆談で彼女に相談をする。十分日常的な会話が成立する彼女だが、本音トークは紙に書くことが一番である。「本当に欲しい物はなんですか？」と聞かれて、悩んだ末の彼女の答えは「口紅」だった。〈口紅〉の要求は、彼女の【見捨てられ不安】を高める。なぜなら〈口紅〉は、少女が大人になっていくための必須アイテムだからだ。大人になっていくということは、親から分離していくことである。そうでなくても、初めて出す未経験の要求は、少なからず見捨てられ不安を高める。すると彼女の要求は〈リップクリーム〉に置き換わってしまうのである。よりこころの安全を求めているのがこれでわかるのである。

洋平さん、二十五歳。彼はなぜか、大好きなはずのコーラをチビリチビリと飲む。確かに炭酸入りをゴクゴクと飲むのは、大変かも知れない。しかし、他の食べることや、飲むことは速攻完食なので、彼にしてはやはり様子が変である。答えは、意外な所にあった。彼のお母さんが「コーラを飲むと骨が溶ける」と言って、絶対反対だったのだ。母親も決して無茶を言っているわけではない。標準的な身体の生育に比べれば、おそらく半分にも満たない彼の体躯、それに幼い頃から肝臓を病み、糖尿があるのだから、コーラに神経質になるのは十分わかることである。

問題は、にもかかわらず、洋平さんがコーラが大好きになってしまったことだ。その後、一日の摂取量を決めてそれを絶対に守ることで、母親はコーラを許してくれました。彼はその日から、コーラをグイグイ飲むことができるようになりました。【見捨てられ不安】が彼の行動にストップをかけ、チビチビ飲むことをさせていたのでした。彼は、一口飲んでは自分を責め、【見捨てられ不安】と戦っていたのでしょう。

いかがですか？　見捨てられ不安？
見捨てられ不安を越えたところに、本当の幸福がやって来るのですが……。
あなたの親子関係は、もう越えていますか？

非行のすすめ

「おぉ、由貴子、来たか……」病院のベッドの上から消え入りそうな小さな声で、確かに父親が娘にかけた、ねぎらいの言葉だった。ここ二、三日、意識が混濁しがちだった父親が、娘のお見舞いでつかの間意識が戻り、つぶやいた言葉だった。すでに父親八十二歳、娘由貴子さんは四十九歳である。

父親は持病のために、何回も入退院を繰り返してきた。しかし、そのたびに「すぐに退院するのだから、わざわざ飯田などの遠くから、見舞いはいらない」が口癖で、その通りにまた退院するものだから、娘が父を見舞ったのは、この春まで実は一回もなかったのである。高齢の父親は、明日何があってもおかしくない。たとえ明日何もなくても、いずれやってくる別れを前にして僕たちは考える。由貴子さんの父親が、娘のお見舞いをこんなに頑なに拒否するのは、なぜなのだろう？　と。そして、それを押し切ってまで、職員付き添いの見舞いを実施する価値は、どこにあるのだろうか？　と。

由貴子さんの故郷は、学園のある飯田から高速を飛ばして二時間半、雪深き北信州の地にある温泉の町である。確かに飯田は彼女の故郷からははるか遠い地にあり、父親の言っていることに間違いはない。往復するだけでも大変だ。さらに母親は車の運転ができないので、お見舞いには職員の送迎と付き添いが不可欠である。職人気質の父親にしてみれば「他人さまに迷惑をかける（他の人よりも時間と手間がかかる）」この状況は、娘の見舞いを拒否する原因の一つになっていたのだろう。

さて、ここから大切なのは想像力だ。情報の少なさを想像力で埋めていきながら、さらに考えていきたい。

今は高速道路を走って片道二時間半の道程も、由貴子さんが入所した四十年前は、おそらく片道六～七時間を必要とした道程だった。その遠くて険しい道程を、父親と母親は祈るような気持ちで走りながら、何回も、何十回も行き来していたのだ。故郷へ向かう車の中で（途中でお腹が空いたらどうしよう？オシッコやウンコが出たくなったらどうしよう？）と、慣れない場所や突然の出来事に対応が難しい由貴子さんにとって、これは大きな問題だ。また、いつでも一触即発の緊張状態にあったその頃、学園へ向かう車の中で「（帰りたくないと）母親の髪の毛でも引っ張って暴れ始めたらどうしよう……」などと思えば、楽しいはずのドライブは苦しい我慢の時間だったはずだ。

それに比べて、二時間半の道程は楽勝だろう。由貴子さんの父親や母親がしてきた六時間の苦労とは比べものにならないくらい、職員付き添いのお見舞いを実施することは簡単なことだ。四十年前、三十年前よりは、ずっと穏やかに暮らすことができるようになった由貴子さんに付き添って父親を見舞うことは、この四十年のご両親の苦労に酬いる強力な手段になり得るし、そんなことを支援者が大変だと思っているようでは、ご両親にとても顔向けができないような気がした。

ある時、母親は言った「園長さん、昔はねえ、六時間かかっても七時間かかっても、由貴子に会えると思ったら嬉しくて嬉しくて、疲れることも考えないで学園へ来たんだよ。運動会でも、クリスマス会でもねえ。でもねえ、こんな年になって、あぁ今日学園行かなくちゃいけないんだ、ちょっとイヤだなって思うようになっちゃったんだよ。由貴子のことが嫌いじゃないんだよ。会いたくないって言うんじゃないんだよ。でもそうなっちゃったんだよ。わかってくれますよねえ、ここだけの話だからねえ」言い難いことを正直に伝えてくれるそんな母親の気持ちにも、僕たちはきっと応えることができる、そう思った。

父親は思ったことだろう（ベッドに横たわる自分の姿を見せたくない）と。（重度の知的障がいのある由貴子は、自分がベッドで寝ている姿を見れば不安になり、混乱して暴れたりするんではないだろうか？　自分をずっと頼っていた由貴子は、病気とか死ぬとかいうことはよくわからないにしろ、自分がいなくなってしまうのではないかという不安で、また前のように暴れるようになってしまうのではないだろうか？　だからベッドでの姿を見せることは、決してプラスにならない）そう考えておられたのかも知れない。しかし、それは父親の取り越し苦労だ。親が死ぬという覚悟は、衰え行くその姿を確認するところから第一歩が始まるのだから、ベッドでの姿を見せることが、こころの整理を促すきっかけになっていくのだ。

一回目のお見舞いでは、ベッドに横たわっていたけれど、起き上がって笑って話ができた。二回目のお見舞いでは、もう起き上がることができなかったけれど、こちらの話を頷きながら聞いて、手を強く握り返してくれた。そして三回目の時には、もう呼んでも返事がなかった……。そんな実体験こそが死というものを理解し、別れの覚悟を醸成していくのだ。どんなに知的障がいが重くとも「別れ」を「死」を理解することは可能だし、乗り越えることができるのだということを信じて欲しい。もちろん一人では難しいから、それは支援者と一緒にやることになる。

かの一休禅師は「この世で最上の喜びとは何か？」と村人に問われて「親が死に、子が死に、そして孫が死に」と答えたそうだ。一番の親不孝は親より先に子が死ぬことだとは、よく言われる言葉だから、これが世の常識に違いないのであろう。が、知的障がいの方の家族にあっては、これが時に逆転する。「先に子が死に、その後親が死ぬ」ことこそが、一番の希望だと。

由貴子さんの父親も、きっとそんなことが頭をよぎったのだろう。娘を置いて自分が先立つ不幸を、本来は決して不幸ではないはずのことを、娘を前にすればイヤがうえでも実感せねばなるまい。そんな苦しさは、できれば避けたい。それがお見舞いを拒否した理由の一つかも知れない。「他人さまに迷惑をかけたくない」、そんな思いも複雑だ。入所施設に子どもを預けたご両親の願いは、「子どもが病気をしないで、健康で怪我のないこと、そして職員に迷惑をかけないこと」だ。ただでさえ重い知的障がいを持って、食事・排泄・入浴と、日常生活の様々な場面で負担をかけている。その上、それ以上のお願いをすることは、わがままを言っているような罪悪感に襲われることなのである。

さて、そんなこんなのバタバタした中で（職員の送迎と付き添いで）、由貴子さんのお見舞いが実施された。父親の病状の悪化を知らされて、由貴子さんも職員もいても立ってもいられずに、いわば押しかけと駆け込みでのお見舞いである。父親がまだ元気だった頃、盛んに「見舞いには、来なくていい」と言っていたのを裏切ってのお見舞いになった。病院到着は十一月二十四日正午。由貴子さんが「おとうちゃー」と声をかける。少し遅れて「おぉ、由貴子、来たか……」と、やっと聞き取れるほどの父親の声。後は、意識が混濁していく。一時間半ほどの面会で、娘は学園に戻った。

そして次の日の朝六時に、父親は亡くなった。母親から訃報を知らせる電話に出た由貴子さんは、いつもなら必ず「おとうちゃにかわるー」というのが常なのに、今日はその言葉が一言もない。電話を切るとそのまま布団に入り、頭から掛け布団を被って横になった。「お父さん、亡くなっちゃったね。悲しいよね。でもお父さん、由貴子さんが来るのをちゃんと待っていてくれたんだね。お見舞い来るなって、前に言っていたけど、やっぱり来て欲しかったんだよね。由貴子さんに最後に会えて、きっと安心したんだよ。由貴子さんのこと、やっぱり大好きだったんだと思うよ。お父さん、これからもお月様になって、いつまでも由貴子さんのこと見ていてくれるからね」

職員の話しかけに、由貴子さんの目がみるみる赤くなった。

グッバイ東大安田講堂

和樹さんの話は、会えばいつでも六大学の話だった。

「今日六大学野球があるよ、早稲田が勝つかな？」だったり「園長、ラグビー好き？　どこが好き？　慶応？」「東大の紛争知っている？　火炎ビンすごかったなあ」と、新聞を見ても話題は六大学だった。「東大ってすごいんでしょ？　頭が良くなくっちゃ行けないんだよな。早稲田とどっちが難しいの？」そして彼が、日がな一日没頭しているのは、不用品の段ボールを使って、東京大学の安田講堂を作ることだった。年齢的にも、ちょうど思春期に（すでにこころに変調をきたして入院をしていた時期になるのだが）あの東大紛争で、機動隊と学生とが放水と火炎ビンで戦った姿を、テレビニュース等でリアルタイムに見ていることになる。どこからか拾ってきた段ボールを、自分の寝床の面積を犠牲にしてまで広げて、居室に精巧な安田講堂を作った。そして、何ヶ月もかけて完成したらそれを壊して捨て、また新しい東大安田講堂作りを始めた。それが何年という単位で、反復強迫的に繰り返されていた。明らかに学歴コンプレックス表出の姿だった。

彼への支援は、困難を極めた。「小遣いの切れ目が縁の切れ目」で、お小遣いが底を尽き始めるところがすさんだ。外出では、数キロ離れた大型スーパーまで出かけ、コーヒーショップで時間を過ごし、一日帰ってこなかった。雨の日も風の日も、黙々と小遣いが続く限り出かけた。帰路の彼に気がついた職員が、車で送ろうかと伝えても頑なに拒否して、必ず最後まで歩いて帰ってきた。そして、時には職員を威嚇するので、気がつけば積極的に和樹さんと関係をとろうとする職員がいなくなっていた。

身寄りもすでにない。したがって面会も帰省もなく、電話する相手さえもいなかった。和樹さんは、自ら職員や他のメンバーさん方に喋りかけることができる。身の回りのことは、殆どできる。自分で買い物にも行けるし、店での支払いもできる。東大安田講堂作りだって、取り立てて禁止されるようなこともない。財源に限りがあるとはいえ、タバコも吸い、喫茶店にも行くことができる。決して、素晴らしく身ぎれいというわけではないが、それに関して誰もとやかく言っているわけではない。睡眠時間も仕事も、行事も彼に押し付けているものはなかった。そして判で押したような日常が、何年も過ぎていった。おそらく精神科入院期間の三十年間、同じような日常が流れていたのだろう。時に荒れて、それが退院できない理由になったのだろう。

今になってみると、和樹さんが、精一杯のヘルプサインを発信し続けていたことがわかる。東大安田講堂作り、決して職員の車に乗ろうとしない姿、出かければ夕方まで帰ってこない姿……。

和樹さんは、学歴がないことのうしろめたさ（彼は中卒だ）恥ずかしさから、逃れられず、みんなはおれを馬鹿にしているのではないかと怯え、自信が持てず、それを埋めるために憧れの東大安田講堂作りに明け暮れた。作っては見たものの、現実の自分とのギャップに打ちひしがれ、それを壊す。しかし壊せばまた、こころの隙間を埋めるために作り始めなければならなかった。

できることはできるかぎり自分でやる、知的障がい者の目指すべき姿としてそう教え込まれ続け、また精神科病棟内でも入所施設においても、そうせざるを得なかった和樹さんには「甘える」方法、他人を「頼る」方法のアイディアもなく、「甘えた」後に必ず訪れる拒否や裏切りや叱責にこころが傷つき、再びできることは、できるだけ自分でする世界へ戻るしかなかった。職員の車に乗せてもらうというような簡単な「甘え」の衝動でさえ、オートマティックに拒否してしまう彼がいたのだ。

仲間らしきものの中で居場所を求め、それがないことに気づくよりは、喫茶店で過ごす時間は、お金さえ払えばそこに居場所があり、周りは全て他人という環境が、和樹さんを安心させた。そして出かければ、遅くまで帰園しなかった。でもそんなことは、今になってやっとわかることなのだ。つまり僕たちは今迄、全く彼の「独りぼっち」に気がついていないのだ。彼は「寂しい」などと言ってハラハラ泣いたりしない。「独りぼっち」は寂しいのに……そして「荒れる」。僕たちは「寂しさ」が「怒り」になることを十分知っていながら、彼の「荒れる」姿に「寂しさ」を感じ、見て取ることができなかった。

「人間はみんな独りぼっちさ」なんて言います。確かにその通りです。戦隊のロボットのように合体できない個々の身体を一人ひとりが持って生きている以上、「所詮人間は独りぼっち」です。しかし、そんなことを大声で述べ立てる人であっても「寂しさ」を埋める手段は必ず持っています。だから「所詮みんな独りぼっちさ」なんて言っていられるのです。

「寂しさ」を埋める手段は、いろいろあります。まず一番に浮かぶのは「楽しいことをする」です。つかの間ではありますが、楽しいことをやっている間は「寂しさ」をともかく忘れることができます。一人でやっても「寂しさ」は紛れますが、誰かと一緒にやればさらに「寂しさ」を埋めることができます。しかし【祭りの後の寂しさ】なんていう言葉がある通り、その後余計に寂しさが訪れるなんてこともありますから、それには要注意です。

「好きな人ができる」なんていうのも「寂しさ」を埋める手段になります。また「誰かの役に立っている」なんていう気持ちも「寂しさ」を埋めてくれます。こうして考えてくると、僕たちは「寂しさ」を埋めるために、何かをしているということになりますね。母親の胎内から生まれ落ち、その時に感じた分離の「寂しさ」の中で、それを埋め合わせるために、毎日あがいているのかもしれません。美味しい物を食べる、お酒を飲んで酔っ払うなんていうのも、手っ取り早い「寂しさ」の埋め方です。

もちろん、最高の「寂しさ」の埋め方は、一人でいる時であっても、誰かと一緒にいるような気持ち・誰かが自分を見ていてくれるような気持ち・そして困った時にはきっと誰かが相談に乗ってくれるだろうと思う気持ちが、こころの中に住むようになることです。そしてそれは、「自分には見えない頑張り」をいつも見ていてくれて、それを認めて褒めてくれる人が存在することで形作られるのです。「見える頑張り」とは、学校の成績が上がったとか、運動会のかけっこで一番になったとかいう、とても見えやすくて、褒めやすいことを指します。一方「見えない頑張り」とは、そっと気配りしたお手伝いとか、守っていて当たり前なルールをきちんと守り続けている姿とかを指します。知的障がいの入所施設のような集団生活で、何年も何十年も二十一時就寝のルールを守り続けている姿は、（頑張っているに違いないのですが）見えない頑張りとなっています。

僕たちの支援という仕事は、紛れもなくこの「寂しさ」を埋める作業のお手伝いということになります。

ある時職員会で「和樹さんは褒められたことがあるのだろうか？」という話になった。振り返ってみれば、彼の暮らしぶりをしっかり見つめて、見えない頑張りを見つけ認めている姿は、僕を含めてどの職員にもなかった。そこで、みんなで和樹さんの良いところ（強み＝ストレングス）探しを始めた。お金を使うことができる・一人で喫茶店に行くことができる……。当たり前のような項目がひとしきり出つくしたところで、誰かがつぶやいた。「和樹さん、いつも職員が他のメンバーさんにやられていると、必ず来るよね」すると別の職員が「来てくれるのは良いのだけれど、余計に話がややこしくなっちゃうんだよね」すると別の職員が「それって職員を助けに来てくれてる、っていうことじゃない？　和樹さんってとても優しいんだよ」この発言に、職員全員でうなった。新しい発見だった。職員みんなで見つけた彼の、見えない頑張りの姿だった。その後彼の居室には、その職員会議の結果が模造紙に書かれて張り出された。

次の日、和樹さんは作っていた東大安田講堂を壊して捨てた。そして今日までの二年間一度も作っていない。

「あなたって本当は優しいんだ」と言われた日から、和樹さんは、東大安田講堂を作っていない。

グッバイ東大安田講堂、グッバイマイコンプレックス。

③2名のそれぞれの役割を決めます。一方がだだをこねる役、一方が支援する役です。
④支援者役は、右手でだだこね役の右手を握り、同時に肘を持ちます。
⑤次に、ただこね役は「イヤだイヤだ」と手を振り払うようにして、だだをこねます。「離せよ、この手を、やりたくないんだ」という気持ちで手を振り払おうとします。支援者側が肘を持つのは、この時に手が離れてしまって怪我をするのを防ぐためです。
⑥支援者役は、3つの態度を順番に取ります。まずは、支配性、攻撃性の強い対人関係です。手は絶対に離しません。振り払おうとする手を強引に自分の方に寄せ、動かなくさせようとします。「何をわがまま言っているんだ、やるんだと言ったらやるんだよ」という気持ちで相手を屈服させようとします。だだこね役はそうされた時の気持ちを十分感じてください。
⑦次に、支援者役は放任の態度をとります。だだこね役がただをこね始めて1～2秒のところで、「そうなんですか？　やりたくないんですか？」という気持ちで、サッと手を放してしまいます。ただこね役は手を離された時に感じた気持ちを十分感じてください。
⑧次に支援者は、強引に引っ張り屈服させるのでもなく、でも手を放すのでもないというやりとり、相談の態度をとります。ただをこね始めたその手にお付き合いしながら、「どうしたの？　やりたくないのはわかるけど……」「イヤなんだよね、どうしたらいいかな？」という気持ちで、おそらくその手に込められた力は、ただこね役と同じ力、50対50か、相手が51でこちらが49というような拮抗した状態を作ります。ただこね役はここでもその時に感じた気持ちを十分味わってください。
⑨さて、役割交代です。同じように3パターンを体験します。
⑩支配された時の気持ち、放任された時の気持ち、やりとりをされた時の気持ちを発表します。
　おそらく、やりとりをされた時が一番気持ちの良い状態で、ちょっとやってみようかな？　なんていう気持ちが湧いてくる方もいるかもしれません。支配された時にはさらに言うことなんか聞くものかという気持ちが湧き上がってくるし、放任された時にはとても寂しい気持ちになることが確認できると思います。
⑪支援現場における似たようなコミュニケーション状況を想像し発表します。支配と放任の対人関係に陥りやすい現場の姿が確認できます。

課題

7 あなたを見捨てない

やりとり体験

目的

対人関係の3つのパターン、例えば肯定的（ポジティブ）、否定的（ネガティブ）、中性的（ニュートラル）。肯定的関係を「褒められる」とすれば、否定的関係は「怒られる」、そして中性的関係はただの観察。一番嬉しいのはもちろんポジティブ、一番手応えに乏しいのは中性的な関係。

だから人は褒められるのが難しい時、対人的な手応えを得ようとしてネガティブな行動を選ぶ。知的障がいがある方々にとって、つねったり叩いたり、ネガティブな反応を引き起こすための手段は手っ取り早くて容易なのに比べて、褒められるための行動を成し遂げる努力は並大抵じゃないから、さらにネガティブへの道は選ばれやすい。

また、支配・放任・やりとり、これも人間関係の3パターン。例えば、行くのがイヤだイヤだとごねる子どもを無理矢理連れて行くのが支配、それじゃ好きにしなさいと置いていくのが放任、そしてどうしてイヤなの？　と対話が始まるのがやりとり。

どうも知的障がいや行動障がいの方々の「できない姿」を前にした時、支援者がとる行動はまず支配（いうことを聞かせたがる）、それが駄目なら放任（じゃ、好きなように）と2極に振れることが殆どで、やりとりする（相談する）という形が圧倒的に少ない気がする。

やりとりされることが、支配や放任に比べてどんなに嬉しいことなのか、気持ちの良いことなのか、体験を通じて感じてみたい。

準備品

椅子1名1脚

方法

リーダー1名、参加者2名～30名

①2名ずつのペアになります。

②2名は、腕が届く距離で、対面して椅子に座ります。

第8章

かけがえのない命

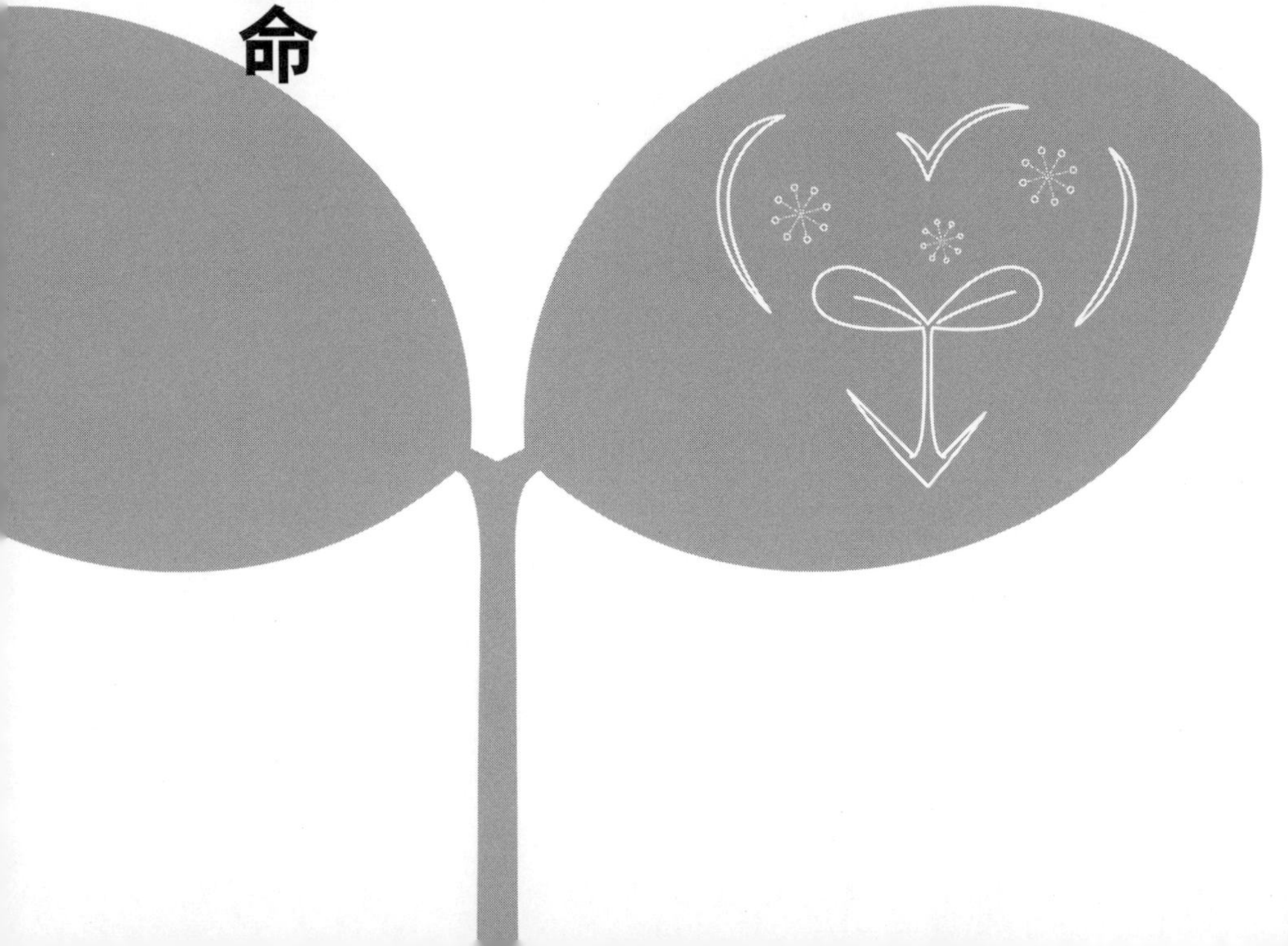

【一生懸命を守る】

彼らと同じ土俵の上で暮らす、それができたら良いなあといつでも思っています。いつでも一生懸命に生きている、そんな姿に触れるたびにそう思います。

「私の障がいって治るの?」「私は生まれてきて良かったのですか?」「私って嫌われていない?」「障がいがあっても幸せになれるの?」そんな彼らの質問に、いつでもきちんと答えることができるようにこころの準備だけはいつでもしていようと思います。

でも、そんな場面に出くわした時、いつでも一瞬こころが固まってしまう自分に気がつきます。これから自分の喋り出すことは、本当に自分のこころの中にある言葉なのか? 今この場面をただ抜け出したいだけのための方便なのではないのか? 知的な障がいがある方々の、知的にハンディがあるという状態を利用して、難解な理屈でやり込めようとしているだけの姿ではないのか? と。

答え始めていつもビクビクする、怒られたらどうしようと。が、僕たちの答えは実践の中にしかないのだから、実践は嘘はつかないと自分を奮い立たせます。

「明星学園、百人の人たち、みんな大好きだよ。喋ることができる人、できない人、仕事のできる人、できない人、歩くことができる人、歩くことができない車椅子の人、目の見える人、目の見えない人……、職員の人たちのお付き合いはみんな同じでしょ。どこか違いがある? ……みんな同じ大切な人だから、お付き合いは変わりません。あなたの障がいは治らないけど、それは誰のせいでもないし、もちろんあなたのせいでもありません。あなたが上手に本当の気持ちを伝えることができるようになって、それを僕たちが上手にお手伝いすることができれば、必ず幸せになります。残念ながら明日すぐっていうわけにはいかないけれど、あきらめないで一歩一歩、歩み続けることで絶対幸せにたどり着くことができます」

自分に嘘をつかないように、精一杯自分の今迄の実践を、実践に裏付けられた歴史を語ります。答えがつたなく未熟なものであっても、彼らの一生懸命には、一生懸命に答えることが人生の仁義であるからです。彼らの想いはいつでも重く切ないので、圧倒される自分がいます。しかしその迫力に負けないように、自分も自分の人生を懸けて、時には怒ったり否定したり、わがままだと指摘したりします。結局それが、彼らと一緒に障がいのことを考え続けるということになる状況を作り出すのですが、それは、どこかでその話題を避けたい気持ちがある自分に、そうはさせないための方策なのかもしれません。

自分の人生はどう考えてもちゃらんぽらんです。彼らの一生懸命にはとてもかないません。しかし、彼らの一生懸命が時に僕たちを一生懸命にさせます。ちゃらんぽらんな僕たちであっても、その時に一生懸命になりさえすれば、彼らの一生懸命に応え、そして彼らの一生懸命を守ることができるのです。

一人前の気持ち

真由美さんは、目が見えない。「未熟児網膜症」という、生まれた時からの障がいがある。二十六歳の彼女は、光と陰、そして音の世界だけで生きてきたということになる。一日の大半は好きな音楽を聴き、時には身体を前後に振って調子をとりながら、あるいは座り込み、好きな雑誌を耳元でペラペラと小刻みにめくりながら、穏やかに毎日を過ごしている。そんな彼女も、さすがに思春期は大変だった。どこともなく押し寄せるエネルギーに、自分自身が持ちこたえられずに、怒りと衝動が彼女を支配した。椅子や机が宙を飛び、それでも収まらない衝動は、彼女の頭を壁に向かわせた。そんな嵐の後の平穏が、僕たちと彼女との人生の格闘の結果だった。

十月中旬、彼女の不眠は三日目を迎えていた。

光の刺激が乏しい視覚障がいの方にとって、昼と夜をきちんと認識し、生活リズムを整えていくことは、至難のことである。逆に言えば、本人にとっては不幸なことなのだが、一日くらいの不眠は職員サイドからは、とるに足らないこととして受け取られる可能性が高いのである。しかし、この時は違った。一日目、二日目、三日目となるにしたがって、「ワホッー　ワホッー」の大声が次第に高まり、夜勤の職員がいくら寄り添っても、その怒りは静まるどころではなかった。いくつかの仮説が立てられ、対応が協議された。〈生理痛がいつもよりきついのではないのか？〉と、常用薬よりも鎮痛効果の高い薬を服用してもらった。〈保護者の来園する行事が近づき、そのことで心配なことがあるのか？〉と、予定通り来園することを、電話でご家族から直接本人に伝えていただいた。しかし、いずれも失敗だった。

彼女の怒りや心配は、全く違うところにあった。それは、今迄の彼女に対する僕たちの理解を越えたところにあった。十月の初めから、彼女の担任は体調を崩し、約一ヶ月の予定で入院加療を続けていた。もちろんそのことを、クラスの職員集団は十分承知していたし、クラスのメンバーさんたちにもなんらかの形で伝えられていたように思う。しかし真由美さんには、直接個人的に、担任からの説明がなされていなかったのだ。

僕たちは、彼女の気持ちをこう推察した。

（ナゼ　ワタシノ　タンニンハ　コンナニ　ナガイアイダ　シュッキンシテ　コナイノ？　ダレカ　キチント　セツメイ　シテヨ。シンパイデ　シンパイデ　ヨルモ　ネラレナイジャナイ。ワタシヲ　オイタママ　ヤメチャッタ　ワケ　ジャナイヨネ。セツメイガ　ナイナンテ　マッタク　ワタシヲ　バカニシテイルワ。チテキ　ショウガイシャ　ダトオモッテ　バカニシナイデヨ）。

不眠の続いた三日目の夜、入院中の担任から彼女に電話が入った。

「入院は一ヶ月の予定だということ、退職したわけじゃないこと、入院して三週間も経った今日まで、全く連絡もしないで申し訳なかったこと……」などを、三日も寝ないで心配していた彼女に、感謝とお詫びの涙の電話だった。はたして次の日から、真由美さんは安心してぐっすり眠ったのだった。

さらにこの話には、後日談がある。担任が入院加療を終え、予定通り無事に十一月一日より通常勤務に復帰したその二日後に、また不眠と大声が始まったのだ。今度は職員集団もピンときた。

「真由美さん、何か怒っているんだよねえ」彼女はパチンと手を叩いて（その通りだ）と答える。いつにない、はっきりとした受け答えだ。「職員のこと？」またパチンとイエスの答えが返ってくる。真由美さんの怒りの対象は明確だった。漠然としたイライラ感でも、取り留めのない衝動でもなく「担任のSさんのこと？」だったのだ。ここでも真由美さんから、しっかりとしたパチンが返ってきた。

Sさんが入院した一ヶ月間、寝ないで彼女の病状を心配した人が、Sさんの周りの人間関係の中に何人いただろう？　しかも真由美さんの場合は、三日間も眠れなかったのだ。病院からの電話がなかったら、もっと眠れなかったかも知れないほど、彼女はSさんを頼りにし、自分との関係が切れてしまうのではないかと、心配だったのだ。世界中で一番、真由美さんがSさんのことを心配していたのである。

通常勤務に復帰してきた日、担任は、真由美さんのその心配や信頼に見合った挨拶、お礼ができていたのだろうか？　答えは〈否〉でした。

次の日、休日を返上して出勤してきた担任は「元気になって退院できたこと、これから今迄通りにきちんと働けること、本当に心配してくれてありがとう」の三点を、しっかりと彼女に伝えた。そして真由美さんの部屋を、感謝の気持ちを込めてきれいに掃除して帰ったのだ。その日からまた、真由美さんはぐっすり眠ることができた。

これが真由美さんの、僕たちが今迄知らなかった一人前の気持ちだった。

汚れた手

「ばばい……」（飯田地方の方言で「汚れている」の意味）と、不自由な右手をゆっくりと職員のほうに差し出しながら、綾乃さんがつぶやいた。もう少しで聞き落としそうな、小さな声だった。次の外出時に初めて「腕時計を買って来ようよ」と話していた時のことである。もうとっくに夜中の十二時が過ぎている。彼女が、比較的自由な左手をこのようにして差し出して来た時には、多くの場合は、髪の毛が指の間に挟まれていたり（自分の頭の毛をいじった時に取れたものだろう）、小さな紙くずが挟まったりしていて（ボールペンで小さな紙片に色をぬるのが好きな彼女の手元には紙が置いてある）、彼女がにっこり笑って「ありがとう」と言うものだから、職員は同じようににっこり笑って「ありがとう」と、そのプレゼント（世間一般的にはゴミなのだろうが、コミュニケーションの意味合いから言えば、やっぱりプレゼント）をいただけば、事はいつも足りていた。

ところが今差し出されている手は、比較的自由な右手ではなく、不自由な左手であり「ありがとう」ではなくて、「ばばい」なのである。職員はその異変に瞬時に気がついた。そして気がついた途端に、綾乃さんのこの四十数年抱えてきた、辛さや悲しさが押し寄せて、胸がいっぱいになった。

「綾乃さんあなた、こんな手だから、自由に動かないこんな手だから、腕時計をしちゃいけないんだって、ずっと思っていたの？」もう一度綾乃さんが右手を差し出しながらつぶやく。

「ばばい……？」「あなたの手は、ばばくなんかないよ。こんなに可愛い手じゃない。私は、この綾乃さんの手が大好きよ。どうして、障がいを持った手が汚いの？　手が動かない人は、腕時計をしちゃいけないの？　そんなのおかしいでしょ。自分ではめることができなければ、私たちが助ければいいよね。お母さんに留めてもらえばいいよね。誰もそんなこと、迷惑だなんて思わないよ。そんなこと気にしているなんて、絶対におかしい。綾乃さんは、綾乃さんらしく生きることが、一番大切なの。（腕時計、格好良いなあ）とか（お母さんや職員みたいに腕時計つけてみたいなあ）と思ったら、買ってくればいいのよ」職員の一気の熱弁だった。すると彼女、今度はこうつぶやく。「あし……、あし……」。これにも職員はピンと来た。すでに、下肢に全く力が入らない彼女は、移動は全て車椅子だ。もちろん自走はできないので、全面的に支援が必要である。

「もう、どうして綾乃さんはすぐそうなるかなあ。確かに、あなたの足は動きません。でも、それがなんだっていうの？　足が動く人と、足が動かない人と、職員のお付き合いの仕方は違う？　毎日毎日、あなたは職員のやっていること見ているはずでしょ。歩ける浩介さんと歩けない綾乃さんと、お付き合いの仕方が違う？　違わないよね。それに綾乃さんは、歩ける人いいなあって、すごくうらやましいんでしょ。あなたは、小さい時は今よりもずっと足に力が入って、リハビリにも通っていて頑張っていたんだもんね。だから、そう思う気持ちもよくわかる。自分の練習が少ないせいで、歩けなくなっちゃったんだなんて、また思っているんでしょ。すぐあなたは、自分のこと責めるんだから。そんなの、みんな違うんだからね。歩けなくなったのも、手が上手に動かないのも、あなたのせいじゃないし、お母さんのせいでもない、誰のせいでもないのよ。歩けなければ、車椅子を押してもらうの。そのどこがいけないの？　全然喋れない浩介さんは（ありがとう）も（ごめんなさい）も自分じゃ言えないのよ。だから、職員が代わりに、電話でお母さんに（ありがとう）って言ったり、手紙に書いたりするんだよ。そんなこと全部、職員は大変だなんて思っていないし、迷惑だなんて思っていないんだから。あなたの買い物も同じです。車椅子、任しといてよ」

じっと職員の顔を見つめていた彼女だったが、「ねんね」とつぶやき、職員にベッドへの誘導を依頼したのだった。

美穂さんは、【知的障がい・脳性麻痺による上下肢運動障がい・未熟児網膜症による全盲の視覚障がい・てんかん】と四重の重複障がいを抱えている。

そんな彼女が初めて、いまどきの女性らしいブラジャーとパンティーが欲しいという話になった。（これもとっても高尚な良い話でしょ？　施設の通常の衣類購入ではこうはいきませんから）今、職員とどんな物にするか相談の真最中である。母親はちょっとばかり反対で、「もう四十歳の美穂には、そんなものが似合うはずがない」とか「取ったりつけたりするのが大変でしょ」というのだ。「今度初めて、ブラジャー買いに行くんだよね。どんなのにしようかな？」職員のそんな問いかけに彼女は「いいのかな？　いいのかな？」と応じている。

五、六年前まで、繰り返し言うのは食べ物の名前だけだった彼女が、そのこころの奥を言葉に乗せている。「良いんだよ。自分のお小遣いだもの。自分のために、自分が一番幸福になるために使っていいんだよ。お母さんに話した時、ちょっとびっくりしていたみたいだけど、最後には、買っていいよって、言っていたから、大丈夫」「どんな色がいいかな？」未熟児網膜症で、この世に生を受けた時から何も見えていないだろう彼女に、こんな質問は無意味かも知れないと思いつつも、職員は話しを進めていく。すると彼女は「めがね、かけましょうね」と言ったのだ。職員の相談の言葉は、ここで凍りつく。彼女の重い、重いハンディキャップを背負い続けた四十年間を思った時（自分の何も見えない目が、眼鏡をかければ見えるかも知れないと）淡い期待を胸に、職員に語りかけたその言葉に、返す言葉がない。

母親にも、彼女のこの言葉は伝えられた。

「美穂には知的障がいもあるし、生まれた時から見えないわけだから、そんなことは、気にしていないのではないかと、ずっと思うようにしていました。何度か、見えないことについては説明した方がいいかな、と思った時もありましたが……。そうですか、眼鏡、かけましょうねって。なんて答えてあげればいいんですか？」母親には、職員以上の衝撃である。指が一本もない子が母親に「私のこの指、いつになったら生えてくるの？」と尋ねるのと同じだからだ。

そんなこんながみんなわかった上で、僕たちはこう答えることにした。

「あなたの目は、とっても残念なことだけど、眼鏡をかけても、見えるようになりません。だけどそれは、お母さんのせいでも、あなたのせいでもありません。生まれた時には、もうあなたはこの身体を持って生まれて来たんだよね。誰が決めたかわからないけど、この身体が美穂さんの身体なんだよ。そして、目が見えるか見えないかは、僕たちが美穂さんとお付き合いをしている時には、何にも関係のないことなんだよ。確かに目が見えないことは、不便なこともいっぱいある。お母さんの顔も見えないし、大好きな鶏の唐揚げだって見ることができない。でも僕たちは、目の見えない美穂さんが大好きだし、これからももっともっと、仲良くしたいなあと思っているんだよ」

ちょっと生意気な言い方だけど、今の僕たちには、これくらいのことを堂々と言うことができる。

だって、僕たちと彼らのお付き合いは、目が見えようが・見えまいが、本当に変わらない。歩けようが・歩けまいが、喋れようが・喋れまいが……そんなにことは、全く関係がない。

その人が、その人らしく生きることができるように。

ただここにいて、ここに踏みとどまって、自分たちのできることを、誠意をもって提供することを、し続けているだけだからだ。

ビフォー・アフター

あのマリナーズのイチローが、年間二六二のメジャー年間最多安打の新記録を樹立した二〇〇四年、記者のインタビューに答えて言ったその言葉「小さいことを積み重ねるのが、とんでもないところへ行くただひとつの道だと思っています」は、あまりにも格好良い。

そこで、僕たちにとって、〈とんでもないところ〉って、どこだろう？　〈小さな積み重ね〉ってなんだろう？　これが今回のテーマだ。

三十数年前この仕事を始めた時、知的障がいの重度の人と軽度の人と、いったいどちらが〈自分が知的障がい者である、ということについて悩みが深いのだろう〉と考えたことがあった。しかしその当時、その答えは簡単に導き出せた。本当に、無知であることは恐ろしいことであるのだが「知的障がいの重い方は、その知的障がいの重さ故に、自分の障がいの重さに気がつかないのだから、その障がいの存在を自覚できる障がいの軽い方に比べれば、悩みもなく明るく元気に過ごすことができ、幸福なのだろう」と。

知的障がいが軽度の方の母親が言った「おたくの子は障がいが重くていいわね。自分に障がいがあるってわからないから」今ならこんな会話は、とんでもない大きな間違いであると、実感をもって即座に指摘することができる。〈知的障がいが重いから、自分が知的障がいとわかるはずがない〉この言葉は人権侵害であるし、当事者の気持ちを踏みにじっている。科学的根拠はもちろんないし、偏見に満ち溢れている。あんまり理屈っぽく、お説教調になってもいけないので、具体例をあげますね。

聡さん、もう四十五歳になる。僕たちと知り合ったのは約十年前、大きく開かれたつぶらな瞳はいつでも何かに怯えるようにオドオドし、額からは常に汗が流れ(もちろん汗は額だけでなく、頭も背中も汗だくだった)、髪の毛はその汗のせいでビッショビショ、背中はその汗のせいで湿疹だらけだった。

話しかければ返事はオウム返し、「これ食べる?」と問えば「たべる、たべる」の答え。自ら発する言葉は、単純な言葉の反復で「くる? くる?」「おいしい? おいしい?」に止まった。居室にいる時間が圧倒的に多く、出て来ても入り口付近にずっと立ちつくしていることが多かった。もちろん彼の障がいレベルは重く、知的障がいに身体障がいを併せ持つ。さらに生まれ持った難病で、指先は接触による衝撃で炎症を起こし、次第に短くなっていってしまう……という過酷なハンディを背負う。すでに第一関節までしか指はない、足の指も同様だ。

そんなわけで、食事は全面的な支援が必要だったが、衣服の着脱は不自由な身体を精一杯使って、時には口で衣類を引っ張って奮闘した努力家なのだ。足の裏には体質の問題もあるのだろう、たくさんの魚の目があった。もともと歩くしぐさがぎこちないところへ持ってきて、この痛さだ。それでも彼は、一生懸命歩いた。我慢強いのだ。障がいは、加齢とともに彼をさらに苦しめた。排泄は、定時排泄からオムツになった。彼は定時排泄の誘いを次第に億劫がった。指の炎症は時に大きく広がり、食事は全面介助になった。歩く距離は短くなり、スピードも次第に遅くなった。そして、徐々に車椅子使用の時間が、長くなっていった。

しかしこの十年、彼の【自己決定力】は格段に進歩した。車のおもちゃ・ウルトラマンや仮面ライダーのフィギュアを、おもちゃ屋で選択することができる。ゴレンジャーのような戦隊物のビデオを見たいと、レンタルビデオ屋へ行く。ラーメンだけだった外食が、写真カードを使ってカツ丼や焼き肉などに広がる。（チョコレートを、毎日おやつに食べたい）と伝えることができる。そして、モーニング缶コーヒーも……。

そんな彼、昨年最愛の父を亡くした。ちょうど一年前、七月七日の出来事である。父は長く癌を患っていて、最後は痛みとの戦いでモルヒネの湿布を胸に貼りながらの闘病生活だった。家庭療養を選択して、少しのお酒とタバコとを楽しみに、聡さんのそばにい続けてくれた。今考えれば、お父さんが彼に残してくれたものは、とてつもなく大きいことのように思える。それは「幸福は、自分の人生は、自分で決めるんだ」ということ。それを、身をもって教えてくれた闘病生活だった。「入院治療」よりも「家庭療養」を、そして「健全な生活」よりも、少々身体には悪いに違いないが「お酒とタバコ」、なかなかできる選択ではない。いずれもちょっとわがままではあるけれど、幸福になるための大きな自己選択だ。

家族や親戚、組合の皆さんに、温かく迎えられてお葬式に参加し、家族での名残惜しい時間、彼は何度も「おとうちゃは？」と母親に尋ね続けた。そして、四十九日の法要の相談が始まった八月中旬……。彼は、なかなか食事が食べられない。なんとなく表情が暗く動きが悪い、オムツがビショビショになる……。彼の不調のサインが、次々と職員に届けられる。しかし職員集団は、四十九日の法要への参加は、彼の希望であることを頭から信じて疑っていない。何もわからない職員は、彼に「何か心配なことでもあるの？」と聞いた。すると彼は、思わぬことを答えたのだった。「みんなが見るで……」職員は、ピンと来た。たくさんの人たちが集まったお葬式に彼だけが車椅子、法要でも精進落としでも、階段があれば四人で車椅子を持ち上げて移動する。精進落としでは、食事を手伝ってもらっている人は、もちろん彼だけだ。畳の席に、車椅子の彼が際立って目立っている。もちろん手指が短いことだって、気になっていたに違いない。

そういえばこれに先立つ春に、炎症を繰り返す手指を保護する目的で実施している手袋を、「どうして手袋するの？」と聞いたのは彼だったではないか。そこには「どうして僕だけ？」という意味があったのを、気がつかなかった職員集団である。彼を巡る支援は、急展開だ。彼は自分の障がいを、身体的な欠損を気にしている。周りの人間が、自分をどう見ているのかを気にしている。多くの人たちの前に立つことに対する自信のなさを「みんなが見るで……」は教えているのである。でもどう考えてもそれは、今に始まったことではないのだろう。何年も何十年も、彼のこころの奥で、沈殿していた想いだ。言いたくても、言えなかった想いだ。なぜってそれは、聡さんの最大の弱音だから。持って生まれたこの身体に対する非難や自信の持てなさは、この身体を生んだ母親に対する非難と同義であるから。「みんなが見るで」は「お母さん、どうしてこんな身体に生んだの？」と同じ意味だから。十年前のオドオドした目つきも、過緊張で自律神経失調状態の汗だくも、みんなその結果だ。

四十九日の法要の参加は、会食までとなった。読経とご焼香、そして会食、必要最小限を参加して、帰園することとした。母親も快く彼の心情を理解してくれた。

さて、ここまでがビフォー・アフターのビフォーです。

そして約一年後のアフターをお伝えしましょう。

今彼には、殆ど汗だくがありません。もちろん背中の湿疹もありません（そういえば先日、新盆の相談で久しぶりの汗だくでした）。トイレに行ってくれますし、居室の外で過ごす時間もたっぷりあります。意思表示がしっかりして、殆どオウム返しがありません。「格好良い服着る」と言って、自分で選んだGパンをはいて、中学生と軽食に出かけます。鼻の下に髭をたくわえます（もちろん格好良いと思っている）が、母親に会う帰省の前には（母親に不快を与えないようにと）剃り上げます。そして、その一方で「手袋したくない」と反論もします。

彼は〈とんでもないところ〉へ行こうとしています。

僕たち職員集団も、負けずに、【自己決定】という〈小さな積み重ね〉を続けていこうと思っています。

こんにちは、赤ちゃん

自分の妹が結婚して、赤ちゃんができる。そして自分は伯父さんになっていく。そんな時、障がい者である自分は、いったいどんな気持ちを抱くようになるのだろうか？　自閉症、且つ知的障がいである宏司さんにとって、二十二歳の冬は大いなる試練の季節となったのであった。

なかなか宏司さんの障がいは、厳しい。まずは自閉症の大きな障がい特性である感覚障がい。味覚はおそらく過敏で、一番大好きな物がソースをかけない海老フライで、つまり味がない。カップ焼きそばを彼は味付けなしで食べる、素焼きそばである。逆に味噌汁、カレーライスは嫌いだ。これはきっと味が濃いからだ。ハンバーグは水道で洗って、デミグラスソースの味を消してから食べる。一番好きな飲み物は、水とお茶。ジュース類は、口にしない。僕たちの、おそらく百倍以上の濃さで味を感じてしまう彼にとって、生まれて以来ずっと、食事は苦痛以外のなにものでもなかっただろうと思う。

そして皮膚感覚だ。こちらもおそらく過敏だろう。風が吹き始めると、真夏でも窓を閉めたがる。雨の降る日、屋外には出たがらない。シャワーは嫌い。おそらく雨やシャワーの水滴、水流の圧力が痛いからなのではないかと思われる。ひょっとしたら風も痛い？

そして、最も彼を困らせるのは、感情表出の困難性といわれる障がいだ。今自分がどんなことを感じているのかがわかりにくい。またわかったとしても、それをどのように表現したらいいのかがわからない。つまり、伝え方がわからないのだ。あるいは、その伝え方に失敗してしまう。例えば、こころからやりたいと思っている時でも、彼の答えは「ダメ～！　おしまい～！」となってしまう。嬉しいはずのことでも「もう～！」と怒りながら、足を踏み鳴らしてしまう彼の身体が、彼にとっては本当に不本意のことだろう。

彼と知り合った頃に、こんなことがあった。大型ホームエイド店で、バッタリと一人で歩いている彼に会った。「こんにちは、お父さんやお母さんは？」僕の話しかけに、彼は大きな声で「ダメ～！」と言いながら、早足でこちらを振り返りながら進んで行く。そこでついて行くと、その先にはしっかりとお父さんがいた。父の所まで案内しようとする彼の意志に反して、彼の口は「ダメ～！」と叫んでしまうのである。これが感情表出の困難性という障がいである。世間的には『あまのじゃく』で片付けられてしまう。一事が万事、こんな具合のコミュニケーションの彼である。周りの人間も傷つくだろうが、当の本人が一番傷ついているだろうことは、容易に想像できる。

そんな彼でも、工夫すれば真っ直ぐなコミュニケーションが可能である。それはいまのところ「○×カード」だ。彼は視覚的な情報処理方法の助けがあれば、自分の想いを正確に伝達することができるのだ。「もうダメ～！」「おしまい～！」と大声で叫びながら、時には職員をつねったり叩いたりしながら、

○のカードを選ぶ彼がいる。

妹さんの結婚が決まったことを伝えられたその直後の担当職員との外出で、いつものように大好きな海老フライの食事をし、彼はソワソワし始めた。いつも食事の後は、買い物という流れである。なんとなく予感のあった担当職員は「今日は何の買い物かな？」なんて言いながら、彼の本心を探り始める。すると宏司さん、だんだん怒りモードである。「もうダメ～！」「おしまい～！」と早足で歩きながら、足を踏み鳴らしている。そして次は妹の名前を大声で叫びながら、これも大声で「プレゼント！」いやはや本人が一番困っているのであろうが、職員もこんな時は困ってしまう。「怒り」の気持ちを応援していいのか、「プレゼント！」の気持ちを応援していいのか、瞬時で決めて対応していかなくてはいけない。そこで、ちょっと探りを入れてみる。「いろいろ考えていることがあるのなら、無理して今日、買わなくてもいいんじゃないの？」と。

彼は怒りながら、売り場をどんどん進んで行き、贈り物コーナーで妹の名とともに「プレゼント！」と大声。指差した先には星の形がガラスで装飾されている、とっても可愛い写真立てがあった。誰が思いつきますか？　妹さんの結婚のプレゼントに写真立てを。この選択のセンスの良さには、宏司さんの優しさが、いっぱい詰まっている気がして、胸がいっぱいになってしまう。彼はこの写真立てに、どんな写真を入れてもらいたいと思っているのだろう？

その後赤ちゃんが生まれ、おめでとうのプレゼントを買いに行く時も同じだった。「ダメ～！」「おしまい～！」「もう～！」と叫びながら、彼は青い靴下と肌着セットを指差して、購入した。肌着セットには『贈り物に人気No.１』というキャッチコピーが添えられていた。またしてもグッドチョイス、宏司さんの真骨頂である。気紛れに気分次第で、プレゼントの品を選んでいるのではないことは明白だ。プレゼント選びには何が良いのかを、考え続けているからこそできる選択がここにある。

僕たちは、いつでも彼の言葉よりも行動を応援する。ここでは「ダメ～！」と叫ぶ口を無視して、プレゼントコーナーへどんどん進み、プレゼントを怒りながらも指差している、その彼を応援するのである。不当に反対のことを叫んでしまう自分の口に（おそらく、彼はこんなことはもうやめたいと、いつも、いつも思っているだろう）一番困ってしまっているのは彼自身であり、さらにその言葉の矛先が、一番自分を大切にしてくれる担当職員に向かうのであるから、こころの奥ではきっと「ゴメンネ、ゴメンネ」とつぶやいているのに違いない。

いよいよ赤ちゃんが妹と実家に帰って来て、明日が帰省日でご対面というその日、彼は朝からイライラした。そして次第に大声が出て、そうしている間に手が出て足が出てと、怒りは最高潮に達した。明日のご対面の用意は万全と考えていた職員集団には、全く彼が何のことを伝えようとしているのかがわからなかった。

妹の結婚や赤ちゃんの出産、複雑な想いはあるものの、それを歓迎しお祝いしたい気持ちの宏司さんであることは十分わかっている。……？　そういえば……結婚おめでとうの相談の時、電話で彼が何回か言っていた言葉、それが頭をかすめた。その言葉は「ゴメンネ」「ダメ〜！」「おしまい〜！」の大声の合間に、時々「ゴメンネ」とつぶやく彼。それはきっと「お兄ちゃん、障がい者でゴメンネ。お兄ちゃん自閉症でゴメンネ。お兄ちゃん、こんな大声を出す人でゴメンネ。お兄ちゃん、暴れちゃう人でゴメンネ」ではないのか？　だとすれば、明日のご対面の前に、彼のこころに去来するものはいったい何なのか？　……。

「宏司さん、赤ちゃんを抱っこしたいんじゃない？　させてくれるか、それが心配なんじゃない？」と職員は尋ねた。そう尋ねた途端、彼の怒りは大爆発した。話していてもらちが明かないと感じた職員は、近くにあった人形とタオルで急ごしらえの赤ちゃんをセットし「赤ちゃんを抱っこする練習をしてみようよ」と提案した。彼は怒りながらもその人形を受け取り、居室に入ってドアを閉めた。そっと覗くとやさしく人形を抱っこしている彼、そこで支援方法は決まった。すぐに母に電話である。ざっと現在までの状況を説明して「お母さん、宏司さん、赤ちゃん抱っこしてもいいですよねえ？」と職員が尋ねる。電話口に宏司さんが座る。母が答える。
「お母さん、宏司には抱っこしてもらいたいなあ、と思っていたのよ。そんなこと心配させてゴメンネ。

前に言っておいてあげれば良かったのにね。お父さんだって、妹の優香だって、宏司には、抱っこしてもらいたいなあ、と思っているに決まっているじゃない。大事なお兄ちゃんだもの、障がいがあるなんて、そんなこと心配しなくたっていいのよ。きっと上手に抱っこできると思うよ」

彼の「怒りと不安」は、この母の言葉で、急速に消えていった。

「取りやすい所に投げた」「取りやすいスピードで投げた」「相手がこれから投げるということがわかるようにして投げた」「取りやすいタイミングで投げた」等の気づきを確認し、と同時にその時に生じている気持ち（穏やか、楽しい、ゆったり、緊張するetc.）について確認します。

日常生活におけるコミュニケーション、特に定型発達の大人同士ではコミュニケーションはこのような形で進んでいることを確認します。

⑦次にいろいろな投げ方、取り方を実施しながらその時に生じるこころの動きについて体感していきます。

⑧2名1組のペアの一方の方を例えば障がい者支援事業所で働く支援者、もう一方の方をその事業所の利用者、障がい当事者の方とします。

⑨何回か投げ合って、うまくいっているなあと思っていたら、支援者役が急に障がい当事者役に向かって強く投げつけるということが起こります。

⑩支援現場における似たようなコミュニケーション状況を想像し言語化します。また、投げつけられた障がい当事者役の人は、その時の気持ちを言語化します。相当、理不尽な怒りを感じるはずです。

⑪同様に、「何回か投げ合って、うまくいっているなあと思っていたら、支援者役が急に無視してキャッチしない」「支援者役が急にとんでもない方向に投げる」「当事者役まで届かない」等を体験し、その時の現場におけるコミュニケーション状況と生じた感情について言語化します。寂しい気持ち、悲しい気持ち、あきらめの気持ちなどが湧いてくることを確認します。

⑫支援者役はどんなボールでも拾いに行き、障がい当事者役にやさしく投げ返します。その時の現場におけるコミュニケーション状況と生じた感情について言語化します。迷惑をかけている、申し訳ないという気持ちが湧いてくることを確認します。

⑬どんなに障がいの重い方にあっても、意思があり、ひどい仕打ちに遭えば、定型発達の方と同じように、こころが傷つくことを確認します。

課題

8

傷つく気持ち

紙くずキャッチボール

目　的

コミュニケーションとはキャッチボールとよく似ている。コミュニケーションの道具、例えば言葉が、ボールと同じように「行ったり来たり」する。ボールは、届いたり届かなかったり、落としたり、外れたり。こんな様子は本当にコミュニケーションの状況とそっくりそのままである。

ストライクに投げたボールを落とされれば、がっかりもするし、全く手が届かないような所へボールが来れば腹が立ちもする。こんなこころの動きが生じるのもコミュニケーションの状況と酷似している。

そこで、そのボールの行ったり来たりを実際に体験しながら、様々なこころの動きが生起するのを確認したい。特にネガティブな気持ち（怒り、寂しさ、迷惑、心配etc.）がどのようなキャッチボールの状況の時に生じるのかを体感したい。

準備品

Ａ４上質紙２名１組あたり２枚、椅子１名１脚

方　法

リーダー１名、参加者２名～ 30名

①２名ずつのペアになります。

②２名は、1.5ｍ～2.0ｍの距離を置いて対面して椅子に座ります。

③上質紙２枚を重ねたままクシャクシャと軽くボール状に丸くします。

④２名は黙ったままその紙くずボールを投げ合います。できるだけ落とさないように続けます。そして、その時に、なぜなのか、投げられたボールは、無意識に取りたくなる、落としちゃいけないと思う、という点について確認します。

⑤１分ほど経ったところでキャッチボールを止め、この次の１分間は、落とさないように長く続けるために、どのような点に気をつけてキャッチボールをしているか、考えながら実施してくださいと伝えます。

⑥キャッチボールを止め、どのような点に気をつけながら実施したか、またその時に生じている気持ちについて発表します。

補章

みんな幸せになりたい
～あなたも私も～

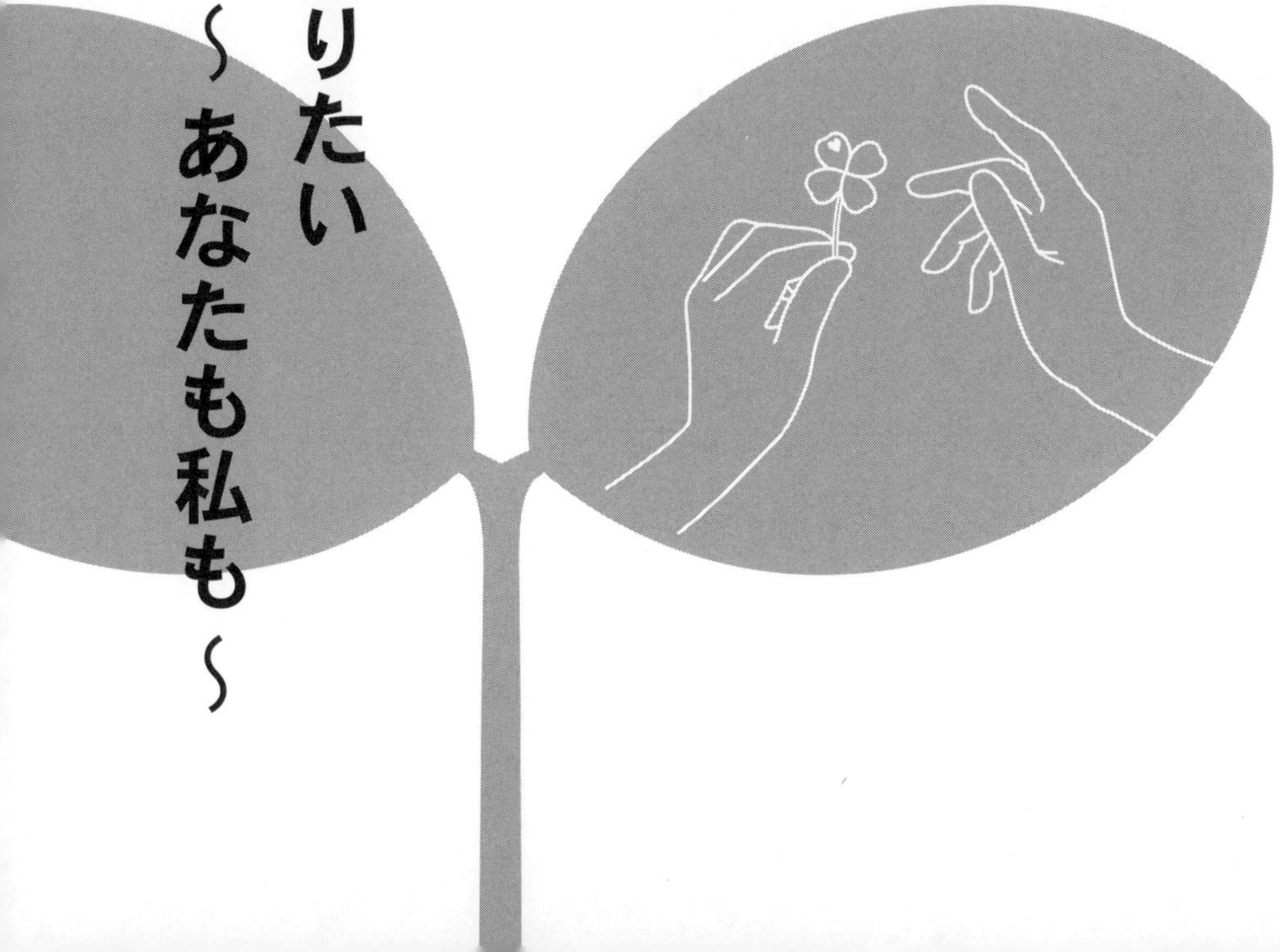

【幸せになる場所】

二〇一六年度再構築された明星学園の理念、それが「みんな幸せになりたい～あなたも私も～」です。そして、その具体的な内容を伝える憲章には「明星学園は本当の気持ちを伝えられずに困っている知的障がい、自閉症の方に【パーソンセンタード（本人中心）】を基本とした、行動全てが発信であるというお心主義の信念で、意思決定支援を実践するあなたも私も幸せになる場所です」とあります。

その「みんな幸せになりたい」の「みんな」には、実は多くの意味が込められています。

・どんな障がいの重い知的障がいの方であっても、意思があり、幸せになりたいと願う厳然とした個としての存在であること。

・私が幸せになりたいことは、十分この私は感じることができるけれども、目の前の他者の存在に対しても、その障がいのあるなしにかかわらず、幸せになりたいと願っている個であることを、感じて欲しいこと。

・僕たちの仕事は他者の人生に多かれ少なかれ、好むと好まざるとにかかわらず関与してしまうことが必然で、その時につける足跡は、あの人に会えて良かったと思っていただけるような形でありたいこと。

・自らが関与していくことで、目の前の人が幸せになっていくのを見ることが、自分にとってもかけがえのない幸せであるということ。

・自分一人が我慢していることで成立している他者の幸せは嘘っぱちで、みんなが少しずつ我慢してみんながほどほどの幸せを手にしていくことが本当の幸せであるということ。

・知的障がいの方々を支援するという仕事を通じて、幸せとは何か？　をずっと考え続けたいし、幸せになるための方法を生み出し続けたい、そして多くの方が知らないその真実を、みんなに伝え続けることが、最終的にはみんなの幸せにつながるということ。

「みんな」に込められた意味、そのどれもこれもが彼らから教えられた真実です。

ここに頼られている自分がいます。その状況や場所は、自分にとって幸せの場所に違いありません。しかしその頼られている状況に甘えて自分だけが幸せであり続けることは、彼らを不幸にすることです。頼られているからといって、人を傷つけていいということにはなりませんし、頼られているからといって相手を軽く扱っていいということにもなりません。頼られているからこそ、なお一層話を聞き、情報を提供し、自らの意思決定によるその人らしい人生を歩む道程を、応援し続けなくてはなりません。時に自信をなくし、時に落ち込み、脱落したくなる時もあるでしょう。そんな時こそ、彼らを信じるのです。彼らを頼るのです。そこに「みんな幸せになりたい」が出現するのだと思います。

不幸にしてバレーボール部のキャプテン

高校の頃、バレー部のキャプテンって、格好良くなかったですか？　背が高くて二枚目で、時折見せる笑顔がさわやかで、しかもみんなにやさしくて、女子生徒にはモテモテで、……誰もが声をかけてもらいたいと願っているようなそんな人。

美由紀さんや秀樹さん、陽介さんや祐太さんへの対応に困ってしまっている実習生などに、僕はこんな説明をする。

「僕たちはこの施設の中じゃ、好むと好まざるとにかかわらず、バレー部のキャプテンなんだよ。どんなにこころのアンテナが低くて、メンバーの気持ちが汲み取れなくても、ここではバレー部のキャプテンなんだ。どうしてって、見てごらんなさい。彼らは幸福になるためには、ちょっとばかり負担の重い、（知的障がいという）ハンディキャップを背負っている。たとえ、学園での生活が気に入らないとしても、自分で逃げ出す力はない。誰かの援助を受けなければ、食事や排泄でさえもうまくいかないのを、一番知っているのは彼ら自身なんですよ。悲しいかな頼るべきは、一番身近な職員なんです」

「月組なら二十人を二人の職員で、星組なら二十人を三人で見ているでしょ？　七〜十人を一人の職員で見るわけですよ。職員は、そんなふうに感じてないのかも知れないですけれど。そのみんなの目が（僕のほうを見て！　私に話しかけて！）と、こころで叫んでいるわけです。バレーボールのキャプテンを見るようなまなざしで……」

「そう考えていくと、いかに職員が彼らにとってかけがえのない存在かが、想像できますよねえ」

「あなたがそのバレーボールのキャプテンに、憧れる女子生徒だとするでしょ？（私、チビでブスだから、だめだわ。絶対振り向いてくれない）と思っていたとする。しかしある日一大決心をして、今日は絶対話しかけてみようと思って、思い切って駆け寄って『あのう……』と言ったとする。そうしたらキャプテンは『あ！　おはよう！』と言ってすたすた去ってしまった。その時のあなたの気持ちは、どうでしょう？（やっぱり私は、チビでブスだからだめなんだわ）と思うでしょ？」

「ところが、みんなと一緒にキャプテンを見つめていた時、あなたにだけ『あ！　おはよう！』と言ってくれたら、あなたの気持ちはどうですか？　この世のものとは思われないほどの幸福で、こころいっぱいになるのではないですか？（あ！　キャプテンは、私を見ていてくれたんだ！）と。同じ『あ！おはよう！』の一言でも、こんなに違うんです」

「僕たちは、天性のバレーボールのキャプテンじゃない。この限られた施設空間の中で、（知的障がいという）立場の弱い人たちとの関係の中で、たまたまキャプテンに祭り上げられているに過ぎないんだよ。能力や魅力がなくても、キャプテンなんだ。ある意味ではそれは不幸かも知れない、しかし拒否できるような役回りではないんだよね」

「彼らが、精一杯な気持ちで話しかけてきた時には、もう遅いんだよ。どんなに、精一杯答えても、彼らの気持ちを満たすことができないんだ。彼らが（さっきの女生徒みたいに）熱いまなざしで、こちらを見ていることを知っていたなら、いつでもこちらから声をかけてあげることが大切なんだ。そうすれば、同じ『おはよう！』でも、重い意味を持ってくる。（やっぱり自分を見ていてくれたんだ）ってね」

「『意を汲んで、先回りする』って言うんだけど、わかるかなあー」


彼らは集団生活の中で、誰が可愛がられていて、誰がみんなからうとまれているか、をよく知っている。知っているという言葉が不適当ならば、きっと感づいている。問題行動といわれる行動を示す、多くの人たちが（自分は、みんなからうとまれている）と感じていることについては想像に難くない。また知的障がいというハンディキャップを持っている以上（自分は、だめな奴なんだ）と感じている可能性はかなり高い、彼らはそれを喋らないだけだ。僕たちは、祭り上げられたキャプテンであるにしろ、全力でキャプテンを演じなければならない。そうしなければ、彼らの自分に対する悪いイメージは、変わらない。

（やっぱり自分を見ていてくれる）（それは、自分にも良いところが、あるからなんだ）（ひょっとしたら、可愛いのかも知れないなあ）（それじゃ、ちょっと頑張ってみようかな）

僕たちの人生も、彼らの人生もちっとも変わりゃしない。

握りしめた手の向こうに

重度棟での実習を終えたばかりの学生が質問する。

「真人さんと離れて、別の方とも係わりを持たなくてはと思うのですが、なかなか握りしめた手を離してくれないので、困ってしまいます。そんな時は、どうしたらいいんでしょうか？　無理に離してもいいんでしょうか？」いくら頼んでも手を離してくれない真人さんに対する苛立ちと、保育士を目指す実習者として、少しでも知的障がいのある方々の気持ちを理解しなくてはいけない、という努力の間で学生の気持ちは揺れ動く。

そういえば、真人さんと体験研修生との間には、十年ほど前にこんなエピソードがある。体験研修が終わったその後のミーティングでのこと

「今日、体験研修が終了するという全館放送が入ったので、これで終わりにしようと思って、一時間以上ずっと握っていた真人さんの手を離そうとしたんですが、もう絶対に離してくれないんです。実は私、何もすることができなくて……。しょうがないので真人さんの横に座ったら、彼から手を握ってくれて、それでずっと彼のそばにいたんです。ただそれだけなのに、終わりという時になっても手を離してくれないので、こんな自分も役立っていたんだと思ったら嬉しくて、嬉しくて……。考えたら他人の手をこ

んなに長い時間握っているという経験も、普段の生活の中ではできることではないし……。本当に今日は思い切って来てみて良かったです」涙ながらの話だった。

真人さんには長い間、人間不信に陥っていた辛い過去がある。

一日の多くの時間を、大便所の中に座り込んで過ごし、終始怯えた目で周りをうかがい、職員が近づくと両手で頭と顔をかばう。「食事だよ」と声をかけると、脱兎のごとくトイレから飛び出して来て、一、三分で全食を食べ終え、また大便所の中にズボンを下ろしながら飛び込んで行く。

両頬は、四六時中唾を擦り付けているので真っ赤に腫れ上がり、不眠と下痢が毎日続く。下痢が続くために食事を制限され、お腹が空くから残飯に手が出た。当然のように職員に叱責されるから、その恐怖心がまた下痢へとつながる。このように果てしなく続く悪循環の中に彼はいた。しぶり続けるお腹を抱えて大便所通いをしているうちに、いつしか彼の安住の場は大便所の中になっていったのだろう。ここなら誰にも脅かされないと。みんなが寝静まった夜でさえ、彼に安寧《あんねい》の時間帯はなかった。何人分もの布団を集めてきては、バリケードのようにうず高く自分の周りに積み上げた。そのバリケードの中で彼は、やっと寝付いた。彼の居室は、八人部屋だ。

彼の両手は、二十四時間続く対人緊張をなんとか緩和しようとして、つかんだり、揉んだり、擦ったりというように、強迫的に動くようになったのだろう。重度棟の中でそのための材料を見つけられなかった彼が、最終的に頬への唾ぬりへ行き着いてしまったのは、決して重い知的障がいのせいではない。

僕たちは下痢が続いてもいいからと考え、整腸剤を活用しながら食事制限を撤廃した。「満腹の保障」を優先したのである。夜間はベニヤ板で高さ六十センチのパーテーションを、彼の布団を囲うようにして設置し、個別的な空間を保障した。腰には紐やビニール袋を下げて、いつでもどこでもそれを両手でこね回すことによって、彼の編み出した緊張緩和の方法がとれるように保障した。そして、頭ごなしの叱責は（それが行動の改善ではなく、存在の不安までに高じてしまう真人さんの心的特性に配慮し）全く禁止された。

彼は、実習生がクラスに入ると必ず服を脱いだ。僕たちはそれを、〈実習生と散歩に行きたい姿〉だと受け止めた。また、隣のクラスで車が動くたびに、服を脱いだ。僕たちはそれを、〈もっとドライブに行きたい〉という発信だ、と受け止めた。真人さんのニーズを受け止めるために、クラスの日課を火曜日、木曜日にはミニドライブに変更した。外食先でコーラをがぶがぶ飲む彼に、職員は小言を言った。その日彼は、学園に帰って来た車から降りた途端、座り込んで動かなかった。次の外出時には、彼が飲むコーラの量を信じて任せたら、二杯飲んだ後に自分でコップを片付けた。すると帰園後、ニコニコしてクラスに戻った。

僕たちが出会った十五年前、真人さんの生活はこんなだった。その後、様々な実践があって現在の真人さんがいる。今の真人さんには、不眠もなければ下痢もない。頬もすっかりきれいだし、食事もマイペースでゆったりだ。こぼれる笑顔は百万ドル以上の価値があるし、フロアーの真ん中でスキップするその姿は、彼の最上の喜びの表現になっている。写真カードを用いて、外食メニューの選択を行い、コンビニでは落ち着いて買い物（カゴに好きなお菓子を選択して入れる）ができる。まあ、ちょっとずつ職員を、周りの人間を、環境を、信じて受け入れつつあるっていうことなのだ。

ではここで、最初の質問です。

【握りしめられた手は、無理に離してもいいですか？】

「真人さんはきっと、あなたに行かないでくれって、言っているんですよね。こういう状態を（すがりつく）と言ってもいいと思うんだけど、あなたは今迄の人生経験の中で（すがりついた）ことはありますか？　あれば真人さんの気持ちが、とってもよくわかると思うんだけど」

「そう、ないですか。まだ若いから難しいかな。じゃあ、恋人とのデートの後のお別れの場面を想像してみてください」「お別れの場面では、何を言ってもらったら、一番嬉しいですか？」

「そうですよね。『今日は楽しかったね』とか『次のデートいつにする？』『また行こうね』とか『今日はきれいだったね』とか言われると、もう最高ですよね。安心して別れられるという感じですよね」

「じゃあ、今日の実習のおさらいね。真人さんにはどういう話ができましたか？　『一緒にいて楽しかった』とか『真人さんの笑顔素敵ですね』『実習初日で緊張してたんですけれど、真人さんのおかげで助かりました』とか『明日もまた来るから散歩しましょうね』……とか。何かデートの後のお別れの場面のような話ができました？」「こういう話しかけのこと【ポジィティブメッセージ】というのね。とても大事なことだから覚えておいてね」「真人さんのような、過去にとても辛い経験をしている人たちは、いつでも自分は好かれているか、うとまれているかがとても気になるし（今離れてしまったら、二度と戻ってこないのではないか）と、とても不安感が高くなるんですよ。そういう方々にこそ、一層の【ポジティブメッセージ】が必要とされるんです」

次の日から実習生の挑戦が始まった。無理に真人さんの手を離そうとせずに、逆に近づいていく。そしてすかさず【ポジィティブメッセージ】での対応だ。そしてその日の実習ノートには

―自分の気持ちを、素直に表現することはとても難しいけれど、努力してやってみると、相手の人の笑顔が見られて、とても嬉しい。昨日教えてもらった【ポジィティブメッセージ】は、やってみてとてとても感動した―　と書かれていた。

僕たちも素直な気持ちを忘れずに、いつまでも【ポジィティブメッセージ】を届けたい！

良かれと思って傷つけていることがある

芳和さんは、重度精神発達遅滞にして、先天性白内障があるので、目が見えない。もちろん、言葉はない。二十五年前初めて出会った彼は、一日の殆どを何かを口に入れては出す、というように反芻《はんすう》することで、時間を費やしていた。職員から声をかけられるのは、主に排泄と食事の時間になる。そんな時彼は、大きな声を出して騒ぐので、職員から「静かになってからね」と言われて、いつも廊下で待機することになった。

彼の反芻は、口の中に戻したものを細かくちぎるようにして、指で弾いて外へ飛ばす。それで、彼の周り半径二メートルは飛ばされた食材が散らばり、いつでも胃酸の酸っぱい匂いが漂っていた。気晴らしのために出かける散歩では、辺り構わず野草を食べ荒らすので（絶対に食べさせないようにしようと思っている）職員と、綱引きのような状態でのやりとりだった。

考えてみれば、その頃には彼の想いが通じているものは、一つもなかった。

最初の支援は『食事に誘う五分前に芳和さんの所へ行き、しばらく話したり遊んだりした後に、食堂に誘導しよう』という、初歩的なものだった。食堂へ行けば、大嫌いなスプーンを持たされる指導が待っている。当たり前なことだが（目の見えない方の多くは、食材を手で確かめながら食べないと、何を食べようとしているかについての不安が解消されない）本当は、丁寧なアプローチが必要なのだ。その食事を前にして、一日何も声をかけられずにいた人がいきなり食堂に引っ張り出されたら、そりゃー大声の一つも出すだろう、と思ったからだ。だってその大声は、立派な文句なのだから。

次の支援は『ビタミン剤の服用』だ。野草を食べることは、ひょっとしたらビタミンの不足を、無意識に身体が補おうとしている姿ではないかと考えて、ドクターに相談した。ドクターはとても良心的な人で「それは面白い」とビタミンCを出してくれた。これも何やら思いつきの初歩的な支援だが、服用を始めた途端に、なんと反芻がなくなってしまったのだ。

考えてばかりいるのは駄目で、「まずは実践してみる」ということが大切であるとわかる。野草を食べるのを、減らしたい目的で考え出した支援だったが、ひょうたんから駒で、意外な好結果につながったのだった。反芻がなくなったことは、彼の人生にとって大きな助けになった。なぜなら、単なる医療的な問題以上に、反芻する人には悲しいレッテルが必ず貼られるからだ。それは「汚い・臭い」というレッテルだ。無意識の中で、人は「汚い・臭い」人を遠ざける。本人の立場で考えれば「みんなに嫌われている・うとまれている」ということになる。芳和さんは、自分ではコントロールできない大声と合わせて「みんなから嫌われている・邪魔にされている」とこころを痛めていたに違いない。

芳和さんの気持ちが、少し遠くにしか感じられない人は、人前で、「汚い・臭い」と言われた時の悲しさを、身のやり場のない（どこかに消えてしまいたい）気持ちを思い起こしてみてください。その気持ちを芳和さんに重ね合わせれば、すっと芳和さんの気持ちに近づけるはずです。

さらに彼にはもう一つ、自分の力ではどうしようもできない行動があった。それは「噛みつき」だ。職員にも、他のメンバーさんに対しても、さらに母親に対してもあった。この頃の彼は、いつ噛みつくかわからない状態にあったので、母親までもがビクビクして付き合っているような状態だった。このような状況は、決して誰も悪いわけではないのだが（噛みついている彼も噛みつきたくて噛みついているわけではないし、周りの人間だってビクビクしたくってビクビクしているわけではない）、ただ、そのような態度で付き合われている芳和さんにしてみれば、「やっぱり僕は嫌われている」という話になってしまう。

『朝、起こさない』支援なんていうのも、初期の支援だ。夜尿の多かった彼は、それを防ぐためという理由から『六時に起きてトイレ』の設定で、熟睡の途中に起こされて排泄に誘われていた。朝、無理矢理起こされている彼は、おそらくそれが理由で一日中イライラしていた。このことに気づいた僕たちは『彼が起きてくるまで、起こさない』ことを決めた。確かにウトウトしながら、布団の中にオシッコをしてしまう日もあったが、噛みつく回数は圧倒的に減っていった。

皆さんも、無理に起こされるのはイヤでしょ？　誰でもやさしく起こされたいですよね……。

それから、芳和さんにはいろいろな支援が提供された。そして彼にも、様々な家庭環境の変化があった。いつしか彼には、あれほど聴いていた音楽が必要無くなっていた。草を食べる彼には（ふんだんに野菜を食べることができる環境を）と用意された生野菜も、次第に食べる必要がなくなり、最後にはなくなった。

彼は「ＹＥＳ」でも「ＮＯ」でも、どちらも手を叩いてしまって、本当の気持ちを伝えることが苦手だったのだが、徐々に手を叩くことが確実になり「ＹＥＳ」を伝えることができるようになった。

三十年もの長い間ずっと、丸坊主にポロシャツ、ジャージ姿だった彼は次第に（おしゃれをしたい）と意思を伝えてきた。そして、十分に見えない目で服を上手に選択し買い物をするようにもなり、髪も伸ばし始めた。そんな彼は二年前、父親の葬式で大きな声を一回も上げず、その場の雰囲気を感じ取り、また自分の感情を上手に受け入れて、神妙に参列している姿があった。

そして……この六月。食事を終えて食堂を退席したその直後には、必ず廊下で全裸になる彼の姿が見られるようになった。朝食であろうが、昼食であろうが、夕食であろうが、一日三回必ず、退席後に廊下で脱いだ。こんな時には「暑いからだろう？」なんて言う人がいるが、それは彼らの人間としての価値を軽く見ている、失礼な行動分析ということになるのだ。

「人間は、簡単には人前で裸になりません」それがまず、行動分析の前提になる。したがって、特に喋ることでコミュニケーションを取れない方々にあっては「裸になる」ことは【究極で必死のコミュニケーションの姿】である、と考えることができる。食事の内容やスタイルはどうだったのか……と、今迄支援してきた方法を一つひとつチェックしていくが、彼は必ず食後に服を脱いだ。今迄の支援方法には、特に落ち度がなさそうだ。ここまでに約一ヶ月かかった。

そこまで来てやっと僕たちは、忘れかけていた昔の彼の姿を思い出した。そしてその悲しさを、悔しさを思い起こすことができた。それは「僕は邪魔者だ」という、人生のスタートで受け取った悲しい彼のトラウマであった。食堂では反芻と大声、指導という名の度重なる退席命令……、二十五年経過してもなお「僕は、食堂では邪魔者だ」の想いが消えることなく、彼のこころの奥にずっとしまい込まれていたのだ。今迄言えなかったことを、彼は「全裸になる」という方法で、初めて伝えてきたのである。

もちろん今は、彼を邪魔にしたり、無理に退席にさせたりすることはない。ただ、静かな所が好きな芳和さんなので、少し早めに食堂に入っていただき、みんなが揃ってきて食堂が賑やかになる頃には「いただきました」をして、フロアーに戻るということをしていただいている。

(僕は、食堂にずっといてはいけないんですか？)(みんなと一緒に食堂にいてはいけないんですか？)(職員の言うままに、食堂を出て行かなくては、いけないんですか？)(僕はみんなと、仲間でいてはいけないいんですか？)

芳和さんはその後、職員と相談して「食事が終わったら、ゆっくりお茶を飲んでいたい。食堂をいつ出て行くかは自分で決めるので、職員は送り出すことを止めて欲しい」と伝えることができた。

僕たちは「良かれと思って、傷つけている」ことがある。

そのことをまた、当事者に教えられている。

大人にさせるということ

人権のことと絡んで「メンバーさん方を『ちゃん付けやニックネーム』で呼ぶのは、止めましょう」という議論が、真剣になされることがある。ことは人権のことであるから、真剣に語られることは良いことに違いないのだが「ちゃん付けの方が親しみがこもる」とか「ニックネームは親しい証拠である」といった意見が堂々と語られ始めた時には、その職員中心の発想にうんざりしてしまう。ちょっと考えればわかることなのだが「呼び方」の最終的な判断は、呼ばれる方が（自分をどのように呼んでくれたら嬉しい）のか（今の自分を認めているような呼び方になっているか）ということにあるわけで、呼ぶ側の職員に、判断する権利は何もないからだ。

「親しみを込めて」なんて言っているのは職員サイドであって、当の本人は「どんな呼び方をされたいですか？」なんて、相談されてないことが殆どであろう。たとえ相談されても、強者の立場にある職員と、弱者の立場にある本人との関係では、弱者は「イヤ」をなかなか伝えることができない。なので「本当に呼ばれたい呼び方を、見つけ出すことは難しいことである」と職員サイドは自覚しながら、相談結果を受け入れなければならない。「ちゃん付けは不当だ」との根拠を、どこに求めたら良いのかといえば、なぜ「ちゃん付け」したいのか？　なぜ「ちゃん付け」になってしまうのか？　という呼ぶ側の意識（無意識？）に踏み込むことだ。先に答えを言ってしまうなら、呼ぶ側が呼ばれる側を「いつまでも子ども

（扱い）にしておきたい」気持ちがある時に「ちゃん付け」をする。「ちゃん付け」をして呼ぶたびに、こころの中で「あなたは、まだ一人前の大人ではありませんよ、半人前の子どもなんですよ」と再確認しているというわけなのだ。

ここにこんな例がある。

年頃の女の子がいる家庭で、父親が風呂上がりに裸のままリビングをウロウロしている。それについて、年頃の娘も母親も、はしゃぎこそすれ何も批判しない。その状況を父親は（我が家は明るくて、隠し事がない家庭で、いつまでもこの状況が続くことが望ましい）と考え、自慢する気持ちさえ持っていることがある。また逆に、その年頃の娘がパンツ一つで父親の前を通り過ぎたりしても、父親は何も言わず、同じように父親と娘はいつまでも（思春期になった今でさえも）仲が良いと考えたりしている場合がある。

このご家庭に起こっていることは、子どもの自立とは全く反対のことが生じているわけで、いつまでも我が娘を子どもにしておきたい（大人にさせたくない）父親と、いつまでも子どものままでいたい（大人になりたくない）娘とが、共に依存しながら自立の扉の前で踏みとどまっている姿だ。

通常の育児では、父親と娘の関係は決してこうはならない。遅くとも小学生の高学年頃には、あれほど楽しみにしていた父親と一緒のお風呂を卒業し、次第に口数が少なくなって異性である父親との距離は次第に離れていくはずである。「自分のパンツと父親のパンツを、一緒に洗って欲しくない」といったように、父親を異性としてここまで毛嫌いする場合だってある。偶然であっても、娘が使用中のお風呂やトイレの扉を開けようものなら、父親に対する娘の怒りは相当のものである。しかし、それが当り前の自立の姿なのである。娘を「大人にしたい」のなら父親は、風呂上がりであっても意識的に裸を次第に見せない方向で、娘の前に立ち現れなくてはならない。娘がパンツ一つで通り過ぎようとするなら、父親はその姿を戒めなくてはならないのである。

仲が良いとか、親しみがこもっていると思っている関係が、実は「子どものままでいさせたい」あるいは「子どものままでいたい」気持ちの現れであることをわかっていただけましたでしょうか?

重度の知的障がいがあるお子さんを持つ母親が「○○には、いつまでも赤ちゃんでいて欲しいよう。だっていろいろなことがわかったら、困っちゃう」と話をしてくれたことがある。この母親の言動を、決して責めるつもりはない。それは、母親が言っていることは正しいからだ。○○さんが成長して、精神的にも大人になり「僕はどうして障がい者として生まれたんだろう?」「僕に障がいがあるとわかった時に、お母さんはどう思ったの?」「僕の障がいは治るの?」「僕は、何か役に立っているの?」……と考え始め、それを聞きたいといった時に、どう答えれば良いのか、本当に困ってしまうからだ。しかし、この時僕は母親にこんな返事を返した。

「○○さんよりも早くお母さんは亡くなりますよね。だって親の方が二十歳以上も年上なんですから。お母さんが亡くなった時に、○○さんは赤ちゃんのままでいて、良いんですか？　親が亡くなって、一人で生きていかなくてはならなくなった時に、まだ赤ちゃんでいるのはあまりにも不幸です。お母さんは○○さんに『いつまでも赤ちゃんでいて欲しい』と思うかも知れないけれど、私はどんどん頭が良くなって、いろいろなことがわかる○○さんに、なっていって欲しいなと思うのですが……。どうしましょう？」と。

　それから二十年以上の月日が流れた今、母親の言葉かけが変わり、こころとこころの交流が見て取れる、こころ温まる空間を醸し出している。

「○○に会いに来ると、本当にお母さんは生きるエネルギーをもらうよ、元気が出る。○○から元気をもらいたくて、会いに来るんだよ」息子の○○さんもそんな母親の気持ちに応えている。一言も喋ることができない○○さんだが、以前はとても握ることができなかった母親の手を長い時間握って、母親の役に立っている自分を確認しているかのようだ。ここに、一人前の大人としての○○さんがいる。母親も○○さんを一人前の大人として扱い、○○さんも母親の前で一人の大人として振る舞っているのである。

　この二十年間、○○さんの母親の口癖は「○○の決めたことだから、○○の好きなようにしたらいいよ。だけど、先生たちに迷惑をかけたらいかんよ」というものだ。

（髪の毛を伸ばしたい）と伝えた時も（髭を伸ばしたい）（靴下が嫌いだ）という時も（白いご飯は食

べたくない）と思ったり（仕事をしたくない）と思ったりした時も、○○さんの【自己決定】を、優しくやさしく見守ってくれたのである。

彼が帰省したくない時も（お父さんのことが嫌いだ）と伝えてきたり、（弟とドライブに行かない）とその誘いを断ったりした時にも【自己決定】を見守ってくれた。そうして、今がある。もちろん今迄に、彼の【自己決定】で、職員に迷惑がかかったことは一つもなかった。

「大人にさせる」には、僕たちが彼らを「大人扱いすること」が必要なのである。

「子ども扱い」をすれば、いつまでもその方は「子ども」のままで終わってしまう。そして「大人扱い」をすることは、一人前の相談対象として向き合うということだ。相談をする前提には十分な情報提供が必須で、情報がないところでは、適切な答えを導き出す相談が不可能だからである。よくあることなのだが、ご家族の病気や入院を「心配させるので、決して子どもには言わないで欲しい」とお願いされることがある。まさにケースバイケースで、全部包み隠さずに話すことが、いつでも百パーセント正解とは言えない。僕たちは、真剣にちゃんと伝えることで、家族の大変な状況などを伝える前まで何ケ月も続いていた課題行動（例えば不眠や他害、弄便や自傷）が、その日から激減した現実を何回も見て来たのだ。

彼らの「正確な情報提供を受け、それについてしっかり悩み、ちゃんと心配する」という姿にこそ、彼らを成長させ大人にさせていくんだ、と考えることができる。

彼らの一人前を信じることができるのである。

終わりに

まだ若き頃に

毎週水曜日、午後三時から五時まで、これが僕のボランティア活動の場でした。自閉症児のための遊びの広場、その名を「ピッポ」と言いました。首都圏を中心にボランティアとして集まる学生たちが約三十〜四十名、主役の自閉症児の方々が二十名といった集団で千葉県市川市を活動の拠点にしていました。二十代のおよそ十年間、僕は憑かれたようにそこに通い続けています。

スタッフとして集まる学生（殆どの方々は、学生の身分の終了とともにこのグループを卒業していったが、僕は学生でなくなってからも通い続けていました）たちは、将来福祉や心理学を生業として考えているものが殆どで、僕もその例外ではありませんでした。そんなわけで、グループの活動はエネルギー溢れるもので、三時から五時までの二時間はもちろん遊びの時間、そしてそれから一時間程が、夕食とその日担当だった方との係わりの記録に費やされ、そこから二時間、三時間が全体ミーティングでした。いつも終わりは夜の九時を回っていましたが、若さのエネルギーはそれに留まらず、毎週のように終電車まで、あるいは始発電車まで飲み歩いたものです。

僕にとって、水曜日の三時からの時間はとっておきの空間でした。その中でも何よりもかけがいのない時間は、自閉症児と呼ばれる方々との自由な係わりを保障された夕方の二時間でした。「ピッポ」では、遊びの方法は、どんな未熟な学生であろうとも、基本的にはその学生個人に任せられていたので、僕は、ここに自分が自分だけのために使える素敵な対人関係の場を見つけた気がして、嬉しくてしょうがありませんでした。

その二時間、僕はただ自閉症といわれる子どもたちの笑顔を見るだけのためにトランポリンを跳び、歌をうたい、走り回りました。他の誰にも気を遣わず、ただ目の前の子どもだけが気を遣う対象でした。人を馬鹿にしたり蔑《さげす》んだり決してしない彼らの態度は、僕をいつでも安心させてくれました。

そして、僕はいつでも「来週また遊ぼうね」と言って別れ、その約束を果たすために次の水曜日、何を置いてもそのグループにかけつけました。厳密にいえば、「来週また遊ぼうね」の一言は、僕にとってだけの約束で、その子にとっては約束でないのかもしれません。けれども、その頃の僕は、「約束を破っちゃいけない」「裏切っちゃいけない」と頑《かたく》なに思い続けていました。それは、今になって思えばきっと「障がい児だからといって馬鹿にしちゃいけない」ということの一つの表現だったし、「自分を信じて欲しい」という祈りのようなものだったと思うのですが、とにかくそのグループへの参加は十年間皆勤賞に近いのです。したがって「どうして宮下はピッポへ行くの？」と聞かれた時の答えは、「約束だから」といったやたら青臭いものでした。

あれからもう四十年近くの歳月が流れています。気がつけばとうに還暦を過ぎてしまいました。しかし、未だに「信じること」「裏切らないこと」にこだわり続けている自分がいます。そして、あの頃感じていた疑問、同じ自閉症の子なのに、こだわりと呼ばれている行動はどうして個人個人違うのだろう、というテーマの設定の仕方も全く変わらない自分がいます。自閉症だからこだわるんじゃない、こだわるから自閉症でもない、何かこだわらなくちゃいられない人生の物語が一人ひとりの中にあるからなんだ、というわけです。

変わらない自分に本当にびっくりですが、その一方で、こんなテーマの追求も重要です。それは「知的障がい・自閉症支援の専門性とは何か？」という問いです。ＮＨＫ『プロフェッショナル～仕事の流儀～』的に言えば、「プロフェッショナルとは？」ということになります。

「誠実であること」「挑戦し続けること」「変化し続けることできること」……、それぞれの思いの中に一言では語りつくせないプロフェッショナルらしさを表現する珠玉の言葉があるでしょう。いつまでもたどり着けないゴール地点、たどり着いたと思ったらさらに遠くにあることがわかったゴール地点、いつでも通過地点、一生プロセス……、プロフェッショナルへの道程は厳しい頂きです。

サッカー選手の本田圭佑は、「信じることは希望だ」と言いました。それは、プロフェッショナルというのは信じることができることだという意になります。もう、十五年以上も前になりますが、施設内の死亡事故の時、原因は明らかに脳溢血だったのですが、刑事の方と話していて「刑事さんたちの仕事は疑うことですよね、私たちの仕事は信じることなんですよ」と半分警察の仕事を揶揄《やゆ》して嫌味を言ったことを思い出しましたが、確かに僕たちの仕事は、多くの世間の方々が信じることが少ない彼らの行動、言動を信じることから始まっています。

北島康介のコーチ平井伯昌の「人生はやるか、やらないかしかない」という言葉は、頭の中にはオリンピックの煌《きら》めくメダリストたちのことがあるでしょうから、ちょっと凡人の私たちとは無縁のところにある世界のようではありますが、実践するか、しないかという意味の厳しさを考えると共通の視点があります。

通常、一番こころが傷つくのはできない自分、わからない自分を突き付けられる時です。「究極の負けず嫌いは何もしないことである」なんて言いますが、確かにやらなければ、できない自分、わからない自分と出会うことがないわけですから、負けるという事態は絶対に起こりません。傷つくのがこわい、その自分と対峙《たいじ》する覚悟がなければ実践はないということになります。知的障がいの方々の本当の気持ち、それはわからないところからのスタートです。確かめては間違い、確かめては間違い、わずかな希望の中でやっと正解に近づくという姿が、本当の気持ちへのアプローチです。できない自分、わからない自分と対峙し、挫けず、しかも楽天的に「明日は明日の風が吹く」なんて言いながら、正解にたどり着くまでその歩みを止めないことしか、方法がないのが自分たちの仕事なのです。

本当の気持ちにたどり着くためには、大切な条件があります。それは、社会的な常識を捨てることができることです。社会の常識に反して感じることや考えることは、知的障がいがあってもなくても定型発達の方々と全く変わらないこと、時には定型発達の方々より鋭い感受性を発揮することを前提として彼らと付き合うことができなければ、彼らはベールの向こうに佇《たたず》むぼんやりとした存在になってしまいます。私たちが無意識のうちに取り込んでいる常識は、彼らのいないところで、あるいは彼らを仲間に入れないで作られたルールや定義です。彼らを仲間に入れた新しい常識を作り出す、おそらくその作業を通じてしか彼らのこころに近づくことができません。新しい常識を作るために古い常識を捨てる、それは古い自分を捨てることにつながります。今迄自分をずっと支えてきた枠組みを壊したり捨てたりする作業は苦しいものです。ここでも私たちは、できない自分に出会うことになります。

彼らのこころは思わぬところで傷つきます（私たちと同じように……）。対人的な距離が近い所で働く私たち支援者という立場の者たちも当然傷つけているでしょう。近い距離にいるものほど傷つける可能性が高いですから、傷ついたという事実に気がついていることもあるでしょうが、知らないうちに良かれと思ってやっている行動が、彼らを傷つけているという結果になっていることも多いでしょう。この傷つけている可能性に自覚的になることも、彼らのこころに近づくことができる大切な条件になります。相手を傷つけている可能性のある自分に気がつくこと、これも苦しい作業です。

しかし、その苦しい作業の先には、明るい未来が待っています。【本当の気持ちに出会えた時、彼らの生活も私たちの生活も劇的に変容します】。昨日まで暴れていた人がピタッと穏やかな人になったり、さっきまで一睡もできなかった人が、その途端眠りに落ちたりします。魔法のような一瞬です。その姿を目の前にして、自分の歩んできたその道が確実にその方の歩んできた道と重なりあったことを実感することができます。目の前の人が自分の係わりによって幸せになっていくのを見ることが自分にとっての幸せにつながることを感じる瞬間です。この瞬間を一回でも味わうことができるとそれは中毒症状になります「また、あの瞬間に出会いたい」と。

では、私たち知的障がい、自閉症支援者の専門性とは何か？　ここでは一旦こんな定義をしておきましょう。

個々の障がい特性を理解しながら、その方の主体的な生き方を保障するために、彼らの本当の気持ちを理解することのできる方法を獲得し、またそれを検証する実践ができること。

実践こそがプロフェッショナルなのです。一生発展途上、一生通過点であっても。

その次の世代がまたそれを継いでいってくれます。

あとがき

書き溜めていたものをまとめて一冊の本にする。勧めてくれた人もいて、自分の中ではここ十年来の秘かな目標ではあったのですが、一人でできることではないし、自分たちの実践を広く公表した時に、私個人だけでなく、事業所全体、あるいは法人全体が後ろ指を指されない姿になっていなければならないという責任の重さに、その作業をなかなかスタートさせることができないまま時間ばかりが過ぎていました。

そんな時、交通事故に遭いました。百パーセントこちら側の過失、赤信号を渡っていて車にはねられるという失態です。五メートルも跳ね飛ばされ、車のフロントガラスはグシャグシャという状況にもかかわらず、奇跡的に確認できた外傷は右鎖骨骨折だけというわけで、救急車で運ばれたＩＣＵも一泊二日で退院してきたのでした。そんな失態にもかかわらず、妻や子どもはもちろんですが、多くの方が病状を心配してくれ、ちょっと大げさではありますが、その心配が自分の存在、今あることの確かさを教えてくれたのでした。

というのは、今ではエネルギッシュに見える僕の生き方も二十代、三十代、四十代といくつかのエポックを過ぎて形作られたもので、僕の原型は、内向的で、口数少なく、一人でいることを好み、思いを行動化するのが苦手というところにあります。もちろん成育歴ばかりでなく、遺伝子にその多くの原因があると思われるのですが、八ヶ月の早産で未熟児出産という出生も、少なからずその受動タイプの生き方に影響を与えているのでしょう、命のエンジンがもともと小さく、ガツガツと生き抜くという姿勢にどうも乏しいようにずっと感じて生きてきました。

二十代での自閉症の方々との出会い、三十代での弘済学園の実践とその実践者の方々との出会い、明星学園療育研究会のスタート、四十代での長野県知的障がい福祉協会での活動、その都度、眠っていた遺伝子が新しくONにされ、原形を支えていた遺伝子の働きを抑えていったようです。その人にとって適切な環境を与えられれば、眠っていた良い遺伝子がONになるというのは、筑波大学名誉教授村上和雄氏の主張なさっているところですが、そうとしか考えられないような行動変容がこの四十年間に起こっていることは間違いがないようです。

つまり、自分は恵まれている、ということになります。環境に、出会いに、人間関係全てに……。

さらに、交通事故から三ヶ月後、結局事故での頭部打撲が原因であることが後にわかるのですが、慢性硬膜下血種で救急車搬送、緊急手術ということが起こりました。この時も命拾い、それから二年が過ぎますが、いまのところ後遺症もなく、何不自由がない日常を送っています。

この時も多くの方が心配してくださりました。私の生来の遺伝子は、この心配してくださる状況がどうもピンとこないようです。「だって人間っていつかは死ぬんでしょう」と未熟児で生まれ、助かるか助からないかという時間を過ぎた瞬間を無意識が思い出すのかもしれません。しかし、その後ONになった遺伝子は、「存在の確かさを形にする」という方向でその後の人生の舵を取り始めました。そんな時に、私は法人の理事長になりました。自分の実践とその出版の責任を自分で取ることができる地位についたのでした。

本当に人生における同時性というのは不思議だなあと思います。後は、エスコアールの鈴木敏子さんに励まされ、アドバイスされるままにあれよあれよというまに時間が過ぎて、今を迎えています。

家業とはいえ、明星学園という知的障がい者支援施設というフィールドが私になかったらここに収められたような支援の物語は生まれなかったでしょう。また、この明星学園という施設に比較的障がい重度の皆さんが入所していたという状況もこの物語が生まれる大きな理由の一つになっています。「右向け右!」と言ってみんなが右を向くことができるような障がい状況になく、「右向け右!」で誰も右を向くことができないという支援状況に置かれたからこそ、「本当の気持ちって何?」と考え始めることができたからです。

こうして文章を書き進むと、お世話になったたくさんの方々の顔が次から次へと浮かんできます。その全てがおそらく私にとって「適切な環境」になっていたのでしょう。自分の居場所がここにあると感じることができる自分がいる、それが適切な環境にいるという証拠ですから。

というわけで、私のことを見捨てることなく温かく見守ってくれた全ての方々に感謝です。

特に「お父さん、私と結婚して本当に良かったね」とつかず離れずの適切な距離感を保ちながら、脳天気に自画自賛で暮らす妻（この姿が最高に私の承認欲求を満たしてくれているのだと思われる）と、いまのところ大きな躓きもなく成長し、忙しいだけだった父親に今でも一目を置いてくれている子どもたちに「これからも末永く宜しくお願いします」を伝えて、感謝の言葉とさせていただきます。

最後に、この本に収められた物語のうち一つでも、明日への実践につながる勇気を、そして元気を読者の方に与えることができたなら、それが私にとって、この上もない幸せです。

〔著者略歴〕

宮下《みやした》　智《さとる》

昭和30年2月5日　生

現職　社会福祉法人明星会理事長

　　　明星学園・第二明星学園総園長

　　　明星保育園園長

千葉大学人文学部　心理学専攻　卒

その後　国立精神衛生研究所研究生

かたわら　千葉県市川市教育研究所、千葉県君津児童相談所等で心理相談業務に従事

昭和60、61年度　明星保育園副園長

昭和62年度　明星学園施設長

平成9、10年度　厚生省心身障害研究研究協力者

平成13年度後期　日本知的障害福祉協会　マニュアル検討委員会委員

平成14、15年度　日本知的障害福祉協会　調査研究委員会委員

平成16年度～　長野県知的障がい福祉協会会長

平成17年度～　明星学園・第二明星学園総園長

平成21年度～平成24年度　長野県障害者施策推進協議会会長

平成21年度～　ＮＰＯ法人　飯伊圏域障がい者総合支援センター理事長

平成26年度　長野県障害者相談支援体制整備推進アドバイザー

平成26年度6月～　社会福祉法人明星会理事長

平成27年度　長野県地域支援力向上スーパーバイザー

平成28年度～　明星保育園園長

　　　日本知的障害福祉協会知的障害者の意思決定支援等に関する委員会委員

知的障がい者入所支援施設30年の実践を語り・伝える

本当の気持ちと出会うとき

見えないこころとこころを紡ぐ意思決定支援43の物語

2018年3月 1日　初版第1刷　発行
2018年7月30日　初版第2刷　発行

著　者　宮下　智
発行者　鈴木　弘二
発行所　株式会社エスコアール　千葉県木更津市畑沢2-36-3
電話　0438-30-3090　FAX　0438-30-3091
URL　http://escor.co.jp
印刷所　株式会社わかば

 ISBN978-4-900851-95-5